Christian Meyer

Schlank durch Fingerdruck

Die neue Akupressur-Methode:
diätfrei, streßfrei, effizient

WILHELM HEYNE VERLAG
MÜNCHEN

HEYNE RATGEBER
08/5013

4. Auflage

Copyright © 1993 by Ariston Verlag, Genf
Genehmigte Taschenbuchausgabe im
Wilhelm Heyne Verlag GmbH & Co. KG, München
Printed in Germany 1996
Umschlaggestaltung: Atelier Adolf Bachmann, Reischach
Umschlagillustration und Zeichnungen im Innenteil:
Peter Schoch, Solothurn
Druck und Bindung: Ebner Ulm

ISBN 3-453-08195-1

Inhalt

Einführung 7

I. Übergewicht – in den Industrienationen
   weit verbreitet 13

   Die Ursachen des Übergewichts 14
   Warum fällt es so schwer,
   Diät zu halten? 15
   Die »Macht der Gewohnheit«
   und die »Sachzwänge« 16
   Vorsicht vor Medikamenten 17
   Übergewicht und persönliches Schicksal 18
   Warum abnehmen? 19
   Übergewicht – Normalgewicht – Idealgewicht –
   Vernunftgewicht – Wunschgewicht? 21

II. Die Akupressur 23

   Allgemeines zu Akupressur
   und Akupunktur 23
   Wie funktionieren Akupressur
   und Akupunktur? 26
   Die Meridiane 27
   Yin und Yang 30
   Die ganzheitliche Betrachtungsweise
   der Chinesen 31
   Akupressur und Selbstverantwortung 32
   Für wen eignet sich die Akupressur? 33
   Hinweise und Regeln für die Akupressur 33
   So finden Sie die Akupunkte 35

III. Bewußter essen 87

    Die Bedeutung einer ausgewogenen Ernährung ... 90
    Wie schnell soll man abnehmen? 91
    Essen ohne Streß – Leben ohne Zwang 92
    Die Vorteile einer vitalstoffreichen
    und faserstoffreichen Kost 93
    Einige Ernährungstips – kurz zusammengefaßt ... 94
    So kombinieren Sie die Akupressur
    mit der bewußten Ernährung 97
    Essen im Urlaub, auf Reisen, bei Festlichkeiten ... 99
    Was sollten wir essen? 99

IV. Wissenswertes über Akupressur, Ernährung
    und Übergewicht von A bis Z* 103

Literaturverzeichnis 225

---

* Die Pfeile (→) im Buchtext verweisen auf die Stichwörter in Kapitel IV.

Einführung

Appetitzügler, ohne ärztliche Aufsicht durchgeführte Abmagerungskuren und ähnliche »Hilfen«, überflüssige Pfunde zu verlieren, bringen Gefahren für unseren Körper, die immer wieder in die Schlagzeilen der Medien geraten. Als sanfte und naturgemäße Methode zur Bekämpfung von Übergewicht bietet sich die Akupressur an – eine Methode, die Sie stets nach Bedarf einsetzen können.

Chinesische Akupressur (Fingerdruck), Akupunktur (Nadelung) und das japanische → Shiatsu bergen interessante Möglichkeiten, Krankheiten, Beschwerden und zivilisationsbedingte Leiden zu bekämpfen – die Grundregeln könnten bereits die Schulen vermitteln. Die sich mehrenden Erfolgsmeldungen böten Anlaß genug dazu. Auch wenn viele westliche Mediziner diesen Methoden lange Zeit skeptisch gegenüberstanden, findet vor allem die Akupressur heute unter den Ärzten begeisterte Anhänger. Nach der ersten Welle der Begeisterung werden Akupressur und Akupunktur nun nüchterner beurteilt. Viele – natürlich nicht alle – Beschwerden und Krankheiten lassen sich damit wirksam behandeln, Migräne, Herzrhythmusstörungen, Magengeschwüre, Darmgeschwüre und hormonelle Störungen zählen dazu. Besonders bei chronischen Leiden zeigt die Akupunktur ihre Stärke gegenüber der modernen Medizin. Deren Verdienste sind unbestritten, doch oft weiß sie solchen Fällen nichts anderes als eine ständige Medikamentengabe entgegenzusetzen. Die Einnahme von Arzneien über mehrere Jahre hinweg kann bekanntlich zu schweren organischen Schäden führen – Grund genug für eine wachsende Zahl von Hilfesuchenden, sich den naturgemäßen Heilmethoden zuzuwenden.

Akupunktur und Akupressur gehören zu den ältesten Heilmethoden und werden ständig weiterentwickelt. Die Aurikulo-Akupunktur (Ohrakupunktur) beispielsweise wurde von einem Europäer, dem französischen Arzt P. M. F. NOGIER aus Lyon, entscheidend geprägt und gefördert. Er führte eine Reihe wirksamer, bis dahin unbekannter Ohrakupunkte (»Akupunkt« ist die Kurzform von »Akupunkturpunkt«) ein.

In Fachpublikationen berichten Ärzte über ungewöhnliche Therapieergebnisse in China. So half die Akupunktur bei Kleinwuchs, Taubheit und Sprachstörungen (Stottern). Sogar Herzoperationen werden genannt, bei denen man die Analgesie (Schmerzunempfindlichkeit) nur durch Akupunktur, ohne Narkose, herbeiführte.

Zahnextraktionen, Magenoperationen und Darmoperationen werden in China mit Hilfe der Akupunktur-Analgesie vorgenommen. Diese Praxis dehnt sich dort inzwischen auf Risikopatienten aus, die eine Narkose (zeitweilige zentrale Ausschaltung des Schmerzempfindens und des Bewußtseins durch entsprechende Mittel) schlecht vertragen würden, besonders schwangere Frauen oder geschwächte Patienten.

Die erwähnten Berichte, ebenso jedoch erste Eigenbehandlungserfolge bei Schnupfen, Halsschmerzen und Grippe, ließen Hoffnung zur Lösung meines Problems, des Übergewichts, in mir aufkeimen. Und wenn sich eine leicht anzuwendende und stark wirkende Kombination von Akupunkten gegen Übergewicht fände?

Selbst aus einer »schwergewichtigen« Familie stammend, kenne ich die Sorgen und Nöte der Dicken aus eigener Erfahrung. Die verhängnisvolle Wechselwirkung von Übergewicht und »Schicksal« habe ich an mir, aber auch an zahlreichen Bekannten beobachtet. Jahrelang kämpfte ich immer wieder gegen die überflüssigen Pfunde an, die mein

Einführung

Wohlbefinden stark einschränkten. Zeitweise war ich so entmutigt, daß ich die Waage wegschloß und den Blick in den Spiegel möglichst vermied.

Um 1978 begann ich mich intensiv mit asiatischen Heilmethoden zu beschäftigen und war vor allem von der Akupressur und ihren Möglichkeiten zur Selbsthilfe – unabhängig von Ort und Zeit – fasziniert.

Ich gelangte zur Überzeugung, daß sich neben bisher bekannten Punkten, wie dem »yü-pe«, dem Oberarmpunkt, eine Kombination von Akupunkten mit stärkerer Wirkung gegen Übergewicht entdecken lassen müßte und man diese Kombination nur zu entwickeln habe. Und ich vermutete, daß dabei ebenfalls sogenannte »Spezialpunkte« einzubeziehen wären, die sich nicht in das recht gut erforschte System der Meridiane einordnen lassen. (Die den Körper meist in vertikaler Richtung durchlaufenden Meridiane werden auch als »Energiebahnen« bezeichnet.)

Nach längerem Studium der Meridiane entwickelte ich – ohne jemals den Glauben an die Sache zu verlieren – eine neue Kombination von Akupunkten, die sehr gut mit bisher bekannten Punkten, etwa dem erwähnten Oberarmpunkt und dem Zahnfleischpunkt, vereinbar sind.

Dieses Buch zeigt Ihnen, wie Sie drei stark und sofort wirkende Hauptpunkte finden, die Sie ganz nach Ihren individuellen Bedürfnissen aktivieren können. Sie packen ein Übel also gleich von mehreren Seiten an: Sie beeinflussen den Magen, den Stoffwechsel und das Sättigungszentrum, wann und wo Sie wollen – alles, was Sie dazu brauchen, sind Ihre Hände. Ein paar Minuten täglich genügen. Ob Sie gerade Heißhunger haben, oder ob Sie nur »mal eben« im Kühlschrank nachsehen, was er noch an Eßbarem bietet – Sie lernen, jenen bestimmten Punkt zu beeinflussen, der Abhilfe schafft. Einige Akupunkte lassen sich bequemer und stärker mit einem Holzstäbchen, einer Kugelschreiberkappe oder einem Schlüssel aktivieren – ich werde noch detailliert darauf eingehen.

Nach etlichen Exkursionen in den »100-Kilo-Klub« trage ich heute wieder Konfektion und halte mein Gewicht nahezu ohne Einschränkungen an Lebensqualität mühelos. Dürfen Sie von der Akupressur also Wunder erwarten? Kommen Sie mit einfachem Fingerdruck von Ihrem Übergewicht los, das Sie vielleicht seit längerer Zeit erfolglos bekämpfen? Können Sie sich eines Problems entledigen, vor dem Sie vielleicht schon resigniert haben?

Nicht jede Person spricht gleich stark auf die Akupunkte an, und wer auf diesem Gebiet einen hundertprozentigen Erfolg verspricht, handelt nicht seriös. Obwohl die wichtigsten Punkte leicht zu finden sind, müssen Sie sorgfältig vorgehen. Ihre Geduld und Ausdauer werden gleichermaßen gefordert. Die Veränderungen in Ihrem Körper und die Gewichtsabnahme werden nicht ohne Wirkung auf Ihren seelischen Zustand sein. Abrupte Stimmungswechsel, Euphorie und Niedergeschlagenheit können auftreten, alte Wunden aufbrechen. Aber gemessen an Ihrem Ziel, nämlich ein vernünftiges Gewicht zu erreichen, mit dem Sie sich wohl fühlen, und es halten zu können, ist das ein geringer Einsatz!

So werden Sie den Tag, nennen wir ihn den Tag »X«, der nach einer gewissen Zeit der Selbstbehandlung kommt, nie vergessen: Es ist der Tag, an dem Sie einen mächtigen Verbündeten gewinnen – Ihren Körper. Er will sich vom Ballast, vom Übergewicht befreien, und Sie sehen jetzt die Wegstrecke, die Sie bis zu Ihrem ganz individuellen Gewicht zurücklegen, in allen Einzelheiten vor sich. Sie werden Ihre Nahrungsaufnahme unter Kontrolle bringen und erkennen, daß zwischen der nötigen Zufuhr an »Lebens-Mitteln« und dem Genußbedürfnis ein Spannungsfeld bestehen bleibt, in dem Sie sich dann mit Hilfe der Akupressur jedoch sicher bewegen. Dieses Bedürfnis nach wohlschmeckenden, den Gaumen reizenden Speisen kann man getrost als nahezu lebensnotwendig bezeichnen, es ist in uns allen – einige Asketen vielleicht ausgenommen. Wieviel Sie von diesem Bedürfnis »stehenlassen« wollen, entscheiden Sie von nun an selbst, indem Sie situativ vorgehen und auf die entsprechenden Akupunkte stärker oder schwächer Druck ausüben – und zwar genau zu dem Zeitpunkt, der Ihnen nützlich erscheint. Auf diese Weise erreichen Sie eine »Feinsteuerung« Ihres Appetits.

Für die Phase der Gewichtsreduzierung und für die nicht minder wichtige Zeit »danach« – wenn Sie Ihr Gewicht erreicht haben, das Ihnen zusagt und mit dem Sie sich gut fühlen – erhalten Sie eine Reihe wertvoller Hinweise, die den nächsten Schritt betreffen: das bewußte Essen.

Mit Ihrem neugewonnenen Wissen entfernen Sie sich vom bequemen Konsumieren und wählen Ihre Nahrungsmittel bewußt nach Herkunft, Produktionsweise, Energiegehalt und Anteil an → Vitalstoffen (dieser ursprünglich aus der Reformbewegung stammende und von der Wissenschaft nicht anerkannte Ausdruck wird in Kapitel IV ausführlich erklärt) sorgfältig aus. Sie beobachten die Wirkung der verschiedenen Nahrungsmittel auf Ihren Organismus und schärfen so Ihren Sinn für die Speisen, die Ihnen besonders gut bekommen. Auf diese Weise erobern Sie ein Stück »Urinstinkt« zurück, etwas, das vielleicht durch die moderne Lebensweise mit dem überall und bald zu jeder Tageszeit verfügbaren »Schnellfutter« verlorengegangen ist. Ohne Ihnen ausgefallene Diäten vorzuschreiben oder Sie zu irgendwelchen Weltanschauungen bekehren zu wollen, möchte ich Ihnen einige einfache Ernährungsregeln vorstellen, deren Wirksamkeit Sie sofort überprüfen können. Lust und Freude am Essen sollen Sie aber weiterhin haben – wenn Sie wollen, auch an einem saftigen Stück Fleisch.

Die Bedeutung einer vitalstoffreichen und faserstoffreichen Ernährung mit einem möglichst hohen Anteil an Rohkost wurde schon vor Jahrzehnten durch Pioniere, etwa AARE WAERLAND, WERNER KOLLATH und MAXIMILIAN BIRCHER-BENNER, erkannt. Auf deren wichtigste Ideen, ebenfalls auf die von manchen mit Vehemenz vertretene fleischlose Ernährung, gehe ich näher ein. – Die moderne Forschung, Langzeitstudien und wissenschaftliche Untersuchungen bestätigen die durch klinische Beobachtung und Erfahrung gewonnenen Erkenntnisse der manchmal bekämpften oder belächelten Wegbereiter einer gesünderen Ernährung zu einem guten Teil. – Im weiteren wird die entschlackende und belebende Wirkung eines »Obsttages« behandelt (schon die große mittelalterliche Heilkundige und Mystikerin HILDEGARD VON BINGEN empfahl Äpfel und Birnen als Heilkost).

Ihnen meine Methode weiterzugeben, Ihnen zu zeigen, wie Sie bestimmte Akupunkte aktivieren, übermäßigen Appetit mittels Fingerdruck bekämpfen, zu einem vernünftigen Gewicht und damit zu mehr Lebensqualität finden können, ist meine bisher schönste Aufgabe. Für mich persönlich bedeutet die Akupressur ein Wunder!

Wichtiger Hinweis
Bitte lesen Sie die Anleitungen und die Voraussetzungen auf Seite 32 ff. sorgfältig durch, bevor Sie mit der Eigenbehandlung beginnen. Akupressur ist eine sanfte, naturgemäße und unbedenkliche Methode – bei Krankheit sollten Sie sich aber sicherheitshalber mit Ihrem Arzt absprechen. Weder Autor noch Verlag können Verantwortung übernehmen.

I
Übergewicht –
in den Industrienationen
weit verbreitet

Trotz »Light«-Welle, Ersatz für Zucker und Fett in den Nahrungsmitteln steigt die Zahl der Übergewichtigen in den hochzivilisierten Ländern kontinuierlich an. Studien, die sich auf die europäischen Länder beziehen, präsentieren unterschiedliche Zahlen, der Anteil der Übergewichtigen an der Gesamtbevölkerung reicht von 25 bis 35 Prozent. Nach Untersuchungen des amerikanischen Louis Harris Institutes im Jahre 1990 soll der Anteil der Übergewichtigen in den USA viel höher, nämlich bei 63 Prozent der Bevölkerung liegen (1983 waren es 58 Prozent). Diese Zahlen lassen Zweifel aufkommen. Natürlich sind die der Erhebung zugrunde gelegten Bewertungskriterien – beispielsweise, wie das »Idealgewicht« pro Geschlecht und Altersgruppe definiert wird – zu berücksichtigen. In bezug auf das Idealgewicht setzte sich indessen die Erkenntnis durch, daß es eine höchst individuelle, nicht ohne weiteres zu beziffernde Größe ist (wie im folgenden noch besprochen wird).

Selbst wenn man die amerikanischen Zahlen nicht als Nennwert nimmt, müssen bei einer Bevölkerung von rund 1,2 Milliarden Menschen in den Industrieländern ein paar hundert Millionen, Frauen und Männer, Kinder und Jugendliche, an ernährungsbedingtem Übergewicht leiden. Die übrigen Länder, in denen zum Teil Hunger herrscht, bleiben dabei noch außer acht. Insgesamt also, und dies vornehmlich in den reichen Ländern der nördlichen Halbkugel, tragen die Menschen Millionen Tonnen an überschüssigem Körperfett an den Leibern.

Die Ursachen des Übergewichts

Eine Vielzahl von verschiedenen Meinungen und Theorien zum Thema des ernährungsbedingten Übergewichts stiftet erhebliche Verwirrung.

Ist bei den Dicken die Lust am Essen und Trinken ganz einfach größer als die Lust am schlanken, gesunden und leistungsfähigen Körper? Oder, wie es eine Züricher Psychologin formulierte, haben all diejenigen psychologische Betreuung nötig, die einsehen, daß sie abnehmen sollten, trotz immer neuer Diäten aus eigener Kraft aber nicht dazu fähig sind? Dient Essen als Ersatzhandlung, der Konfliktbewältigung, als Ventil für zuviel Streß und Ärger? Spricht aus Heißhunger und Eßsucht ein Mangel an Zuwendung und Liebe, oder sind sie gar Ausdruck einer Depression? Welche Rolle entfällt dabei auf den Bewegungsmangel und das weitverbreitete falsche Eßverhalten in den Industrienationen – zuviel Zucker, Alkohol und Fett? Was bewirkt eine vitalstoffreiche und faserstoffreiche Kost als Alternative zum modernen »junk food«? Und welche Bedeutung haben genetische und biologische (Körperbau, Fettzellen, Fettgewebe), frühkindliche, soziale Einflüsse?

Darüber sind sich die Experten nicht einig. Der Problemkreis erscheint in der Tat schwierig, komplex, vielschichtig, von Fall zu Fall verschieden. Der Verdacht liegt nahe, daß jeder Übergewichtige gleichzeitig mit mehreren der aufgeführten Gründe zu kämpfen hat, die möglicherweise in Wechselwirkung stehen. In diese Richtung weisen auch die

Schilderungen von resignierenden Übergewichtigen, die ihren ständigen Kampf gegen die lästigen Pfunde als Teufelskreis empfinden.

Warum fällt es so schwer, Diät zu halten?

Wie man weiß, schlagen die meisten Übergewichtigen sich mit mehr oder weniger einseitigen Diäten herum, die sie häufig vorzeitig abbrechen. Ist der Kraftakt, eine Diät durchzustehen, trotzdem gelungen, werden die mühsam abgehungerten Pfunde oft innerhalb kurzer Zeit wieder »aufgeholt«. Der berüchtigte → Jo-Jo-Effekt tritt ein: Man kompensiert das beziehungsweise ißt eben nach der Kur, worauf man eine gewisse Zeit verzichtet hat. Solche Mißerfolge führen schließlich zur Erkenntnis, daß Schlankheitsdiäten wenig oder nichts bewirken, denn die Schädlichkeit des instabilen Körpergewichts wurde in den USA anhand einer großangelegten Langzeitstudie belegt. Ein ständiges Schwanken des Körpergewichts ist ebenso ungesund wie das Übergewicht an sich. Also hat das Abnehmen nur dann einen Sinn, wenn man das Gewicht anschließend beibehalten kann. Eine wachsende Zahl von Wissenschaftlern spricht es offen aus: Schlankheitsdiäten machen dick und krank.

Wissenswert ist, daß der Organismus bei einer strengen Abmagerungsdiät – gleichsam als Notreaktion – nach kurzem Anfangserfolg zuerst den Grundumsatz an Energie verringert, und zwar vermag er dies bis zu etwa vierzig Prozent. Der Körper stellt also in vielen Fällen zuerst auf »Sparflamme« um, anstatt sofort Reserven in Form von Fettdepots abzubauen. Durch die reduzierte Nahrungszufuhr reagiert er auf eine strenge Diät etwa so: Haupttemperatur und Kalorienverbrauch senken sich, der Herzschlag verlangsamt sich. Diese Notmaßnahmen des Körpers kann man als »Überlebenstrick« gegen die Hungersnöte interpretieren, mit denen die Menschheit im Laufe der Geschichte immer wieder konfrontiert wurde. Nach anfänglicher Gewichtsabnahme beginnen die Sparmaßnahmen des Körpers zu wirken und können zu einer Stagnation, auch »Plateauphase« genannt, führen. Kehrt man zu »normalen« Eßgewohnheiten zurück – von ein paar besonders guten Dingen, auf die man lange verzichtete, ganz zu schweigen –, prallt die erhöhte Nahrungszufuhr auf die Sparmaßnahmen des Körpers. Die Pfunde sind schnell wiedergewonnen. Und wie groß die täglichen kulinarischen Versuchungen sind, weiß jeder Übergewichtige, der sich gerade wieder selbst eine Diät verordnet hat.

Die »Macht der Gewohnheit« und die »Sachzwänge«

Wer gibt schon gerne seine liebgewordenen Gewohnheiten auf? Die vielzitierten Erkenntnisse aus dem Pawlowschen Hundeversuch lassen sich zum Teil auch auf den Menschen anwenden. – Der russische Physiologe und Nobelpreisträger für Medizin IWAN PETROWITSCH PAWLOW führte einen Versuch mit Hunden durch, aus dem hervorgeht, daß der Appetit – an Speichelabsonderungen erkennbar – auch durch äußere Einflüsse, etwa einen Glockenton, geweckt werden kann. Pawlow brachte Hunden eine Weile Futter und klingelte dazu. Nach einer gewissen Zeit zeigten die Hunde auch Freßlust, wenn sie nur die Glocke hörten.

Manche werden sich dagegen verwahren, doch können äußere Einflüsse, die Gewohnheit, beim Menschen eine ebenso bestimmende Funktion wie bei den Tieren einnehmen. Schon die Uhrzeit kann uns dazu veranlassen, zu Tisch zu gehen – selbst wenn, genaugenommen, weder Hunger noch Appetit vorliegt. Dazu kommen die Ernährungsgewohnheiten, denen man möglicherweise jahrelang frönte: So können die fehlenden täglichen Butterhörnchen zum Morgenkaffee, ein Essen ohne Bier oder der fehlende Nachtisch eben als große Einbuße an Lebensqualität empfunden werden.

Ebenso trägt das soziale Umfeld dazu bei, daß gute Diät-Vorsätze nicht allzulange bestehen bleiben. Welche treusorgende Hausfrau und Mutter, die ihren Kindern die heißgeliebten Teigwaren mit einer gehaltvollen Sauce auf den Tisch bringen sollte, kann angesichts einer Flut von Reizen (wie Geruch und Anblick der Speisen) auf die Dauer verzichten und dafür in den sauren Apfel beißen? Oder versetzen Sie sich im Geist in die Situation des mittags außer Haus weilenden Vaters, der das Abendessen im Familienkreis ausläßt und sich dazu entschließt, lustlos ein fades Diätpräparat zu verzehren. Den aus heiterem Himmel kommenden Vorschlag zum Restaurantbesuch des (normalgewichtigen) Ehepartners oder »ausgerechnet jetzt« die unmöglich auszuschlagende Einladung zum Festmahl bei Bekannten, diese Situationen kennen viele Übergewichtige nur zu gut.

Wen erstaunt es da noch, daß man den einander jagenden Schlagzeilen über »die neue Wunderdiät« mit wachsendem Unmut und mit Skepsis begegnet? Einige Kenner der Szene weisen deutlich auf das Milliardengeschäft gewisser auflagenhungriger Zeitschriften mit ständig neuen Diäten hin.

Vorsicht vor Medikamenten

Medikamente, wie die an der Psyche ansetzenden → Appetitzügler oder solche, die auf den Stoffwechsel abzielen, stellen nach Ansicht der Experten eine massive Belastung des Organismus dar. Zudem steigt das gesundheitliche Risiko mit der Langzeiteinnahme beträchtlich. In manchen Ländern ist der Handel mit diesen »Anti-Eß-Pillen« verboten. Plötzliche Todesfälle oder schwere Gesundheitsschäden bekannter Persönlichkeiten lassen immer wieder aufhorchen – meist wissen Gerüchte, daß Medikamentenmißbrauch, unter anderem von Appetitzüglern, im Spiel war.

Übergewicht und persönliches Schicksal

Nicht weniger ernstzunehmende Schwierigkeiten ergeben sich für Übergewichtige in sozialen Beziehungen, zum Beispiel bei (Lebens-)Partnersuche – wer will schon mit Dicken befreundet sein? Spott und Vorurteile der »lieben Mitmenschen« begegnen ihnen fast täglich. Schwergewichtige haben es in vielen Lebensbereichen tatsächlich schwerer – sie werden mit wenig schmeichelhaften Eigenschaften, wie Bequemlichkeit und Trägheit, in Zusammenhang gebracht. Bei der Stellensuche haben Übergewichtige keine besonders guten Chancen.

So betrachtet ist es mit dem Klischee der »gemütlichen Dicken« nicht allzuweit her. Der ständige psychische Druck, durch die Angst vor sozialer Benachteiligung hervorgerufen, plagt viele, vor allem jüngere Übergewichtige. Gerade für Jüngere stellt besseres Aussehen ein vorrangiges Motiv zum Abnehmen dar. Betrachten Sie die Heiratsinserate in den Zeitungen einmal näher: Das Adjektiv »schlank« kommt auffallend häufig vor. Bei Prominenten aus Sport, Politik und Showgeschäft akzentuiert der psychische Druck sich noch. Jene, die ständig im Rampenlicht stehen, sind der schonungslosen Kritik der Öffentlichkeit noch mehr ausgesetzt. Das tragische Schicksal und der frühe Tod der Milliardenerbin, die ihr Übergewicht nicht kontrollieren und damit nicht leben konnte, sind für viele Dicke exemplarisch.

»Leute wie du und ich« leiden nicht weniger unter dem Übergewicht, aber die Probleme berühmter Personen zogen die Aufmerksamkeit des Publikums, und damit der Medien, seit jeher auf sich. Gerade Vertreter der sogenannten High-Society greifen oft zu Medikamenten, weil sie einen hektischen Lebensstil führen und vielen Versuchungen bei Tisch ausgesetzt sind. Manche Stars aus dem Showgeschäft ringen ein Leben lang verzweifelt um ihre schlanke Linie – von der Sensationspresse scharf beobachtet.

Warum abnehmen?

Ärzte weisen immer wieder auf das erhöhte Gesundheitsrisiko bei großem Übergewicht hin und belegen dies mit Zahlen. Einige gehen sogar so weit, das Übergewicht und dessen Folgen als Todesursache Nummer eins anzusehen. Am häufigsten werden Herz-Kreislauf-Krankheiten (*Angina pectoris*, Bluthochdruck, Durchblutungsstörungen), Atherosklerose (und Arteriosklerose), Schäden des Bewegungsapparats und die Zuckerkrankheit in diesem Zusammenhang genannt. Auch die bekannte »Nurses Health Study« (im *New England Journal of Medicine* 1990 erschienen), eine amerikanische Langzeituntersuchung an 160000 Krankenschwestern, hebt hervor, daß vierzig Prozent der Fälle von tödlich und nichttödlich verlaufenden Herzinfarkten, koronarer Herzkrankheit und *Angina pectoris* mit Übergewicht korreliert sind. Bei Probandinnen mit dreißig und mehr Prozent Übergewicht waren siebzig Prozent der koronaren Herzkrankheiten auf die Fettsucht zurückzuführen. Nach dieser Studie ist Zigarettenrauchen die bedeutendste, das Übergewicht die zweithäufigste selbstverschuldete Ursache des Herzinfarkts und seiner Vorstufen. Die Lebensversicherungsgesellschaften haben ebenfalls Untersuchungen über die Dicken angestellt: Die Lebenserwartung soll sich bei großem Übergewicht um bis zu 30 Prozent verkürzen...

Übergewichtige, die viel fettes Fleisch und Wurst essen, gehen zusätzliche Risiken ein. Das Deutsche Krebsforschungszentrum in Heidelberg zeigt in der Zwischenbilanz seiner Studie vom Februar 1991 Zusammenhänge zwischen Krebsrisiko und vegetarischer Ernährung auf (→ Fleisch, Fleischgenuß). An dieser Stelle soll Ihnen keinesfalls der völlige Fleischverzicht nahegelegt werden, aber: Die zweitausend Vegetarier, die über einen Zeitraum von elf Jahren beobachtet wurden, tragen ein erheblich geringeres Krebsrisiko. Weibliche und männliche Vegetarier sterben nur halb so oft wie erwartet an Herz-Kreislauf-Krankheiten. Dennoch darf man aufgrund der Heidelberger Langzeitstudie und ähnlicher Untersuchungen zusammenfassen, daß man weniger fettes Fleisch und Wurst, dafür mehr rohes oder schonend zubereitetes Gemüse und Obst essen sollte. Zusätzliche Bedeutung erlangen diese Empfehlungen durch neuere Erkenntnisse bezüglich der krebshemmenden Eigenschaften gewisser Wirkstoffe in → Gemüsen.

Die Feststellung, daß Abnehmen im Kopf beginnt, ist zweifellos richtig – sie gilt ebenso für die Akupressur. Überlegen Sie sich also, warum Sie abnehmen wollen.

Zum Beispiel:
Ich möchte mich ganz einfach besser fühlen, keinen unnötigen Ballast mit mir herumschleppen und die gesundheitlichen Risiken möglichst klein halten.

Ich möchte, daß meine Umgebung mich akzeptiert.

Ich will meine Chancen bei der Partnerwahl verbessern – ich möchte attraktiver aussehen.

Ich möchte mich gerne sportlich betätigen oder ein bestimmtes Hobby ausüben – dazu ist Übergewicht nur hinderlich.

Notieren Sie weitere Gründe:

....

....

....

Übergewicht – Normalgewicht – Idealgewicht – Vernunftgewicht – Wunschgewicht?

Der bekannte »Broca-Index«, nach dem Pariser Chirurgen und Anthropologen PIERRE PAUL BROCA benannt, definiert das Normalgewicht wie folgt:

> Körpergröße in Zentimetern minus hundert
> = Normalgewicht

Bei einer Größe von 175 Zentimetern und einem Gewicht von 75 Kilogramm liegt also »Normalgewicht« vor. Als Idealgewicht – angeblich das Gewicht für die höchste Lebenserwartung – wird »Körpergröße minus hundert minus zehn Prozent« angegeben. Wer das Normalgewicht um zwanzig Prozent und mehr überschreitet, muß in der Regel mit gesundheitlichen Problemen rechnen (siehe vorher).

Wissenschaftliche Studien verwenden etwa den BMI, den Body Mass Index. Man erhält ihn durch Dividieren des Körpergewichts (in Kilogramm) durch das Quadrat der Größe (in Metern).

Wer 55 Kilogramm wiegt und 1,60 Meter groß ist, rechnet also mit 55 : (1,60 × 1,60), das eine Indexzahl von 21,48 ergibt. Als ideal bis normal gilt ein BMI-Indexbereich von weniger als 21 bis 24. Das Gewicht muß frühmorgens ohne Kleidung gemessen werden. Ein BMI über 25 gilt als kritisch, ein BMI um 30 mit klar ersichtlichen Problemzonen (Bauch oder Hüfte und Gesäß) läßt keine Zweifel mehr offen, daß Übergewicht vorliegt.

Betrachten Sie die angeführten Berechnungsmethoden nur als grobe Orientierungshilfen, denn die Auffassung, daß das Körpergewicht eine sehr individuelle Angelegenheit ist, die neben dem Geschlecht und der Körpergröße auch vom Alter, Körperbau und Muskelansatz abhängt, setzt sich immer mehr durch. Gehen Sie davon aus, daß dasjenige Ihr optimales Gewicht ist, mit dem Sie sich wohl, fit, ausgeglichen und gesund fühlen. Neben der Gewichtskontrolle liefert ein täglicher Blick in den Spiegel zusätzliche Anhaltspunkte. Sie können sich auch von Ihrer Familie oder von Bekannten mit der Videokamera im Badekostüm aufnehmen oder fotografieren lassen – das Betrachten der Bilder kann zu einem heilsamen Schock führen!

An dieser Stelle sei nicht den falschen Idealen, Moden oder gar dem Schlankheitswahn das Wort geredet. Wer mit ein bißchen Rundlichkeit gut leben kann und sich dabei wohl fühlt, wird dieses Buch kaum zu Rate ziehen. Doch wer die Nachteile des Dickseins leugnet und die Not zur Tugend wenden will, dem sei – auch aus Erfahrung – entgegnet: Wer schlank ist, hat mehr vom Leben.

II
Die Akupressur

Allgemeines zu Akupressur und Akupunktur

Der Beginn der chinesischen Akupunktur und Akupressur läßt sich nicht mehr herausfinden. Archäologen vermuten aufgrund der Funde von Nadeln aus Knochen und spitzen Steinen in Grabstätten eine mehrtausendjährige Geschichte der Akupunktur. Die chinesische Bezeichnung für Akupunktur lautet »zhenjiu«.

Man nimmt an, daß die Akupressur, die man auch als die »sanfte Schwester der Akupunktur« bezeichnet, lange vor der Akupunktur angewendet wurde. Der chinesische Ausdruck für Akupressur lautet »zhi-ya« oder »tui-na«.

Manche Forscher sind der Meinung, daß bereits »Urmenschen« die Akupressur, die Beeinflussung der Akupunkte durch Massage und Fingerdruck, instinktiv gebrauchten. Als Beweis führen sie Menschenaffen an, bei denen gegenseitiges Beißen, Massieren und Drücken häufig beobachtet wird. Wer hat sich nicht schon bei Müdigkeit mit einer unwillkürlichen, instinktiven Geste die Umgebung der Augen oder die Schläfen gerieben oder massiert? Wer hat nicht schon beobachtet, wie jemand beim Nachdenken mit den Fingern auf die Tischplatte trommelte? An diesen Körperstellen liegen wichtige Akupunkte, und dies liefert bereits einen ersten Ansatz zur Erklärung dieser Heilmethode.

Die Deutsche Gesellschaft für Akupunktur definiert Akupunktur als Behandlungstechnik, bei der man feine Nadeln in Akupunkte einführt. Dadurch kommen Heilreize zustande, die durch nervliche Übertragung zu entfernten Körperstellen oder tiefer gelegenen Organen gelangen und dort eine Umstimmung herbeiführen. Sinngemäß gilt diese Definition auch für die Akupressur. Eine weitere Definition stammt von STEFAN KAPPSTEIN. Er beschreibt die Akupunktur als die wohl höchstentwickelte Wissenschaft zur Behandlung von Krankheiten aufgrund eines Konzepts des Energieflusses im menschlichen und tierischen Körper. Diese Wissenschaft beruhe in ihrem Kern auf dem heilkundlichen Urwissen des Menschen, das als solches keinen Anfang kennen könne.

Als erste schriftliche Werke über Akupunktur nennen die verschiedenen Quellen Widersprüchliches. Vermutet wird, daß die ältesten medizinischen Texte um 500 vor Christus entstanden. Bis zum Erscheinen von HUANG-FU MIS (215 bis 282 n. Chr.) klassischem Werk über Akupunktur, das weite Verbreitung fand, gingen offenbar einige Schriften verloren oder wurden beschlagnahmt und vernichtet. Nach den frühen Berichten von Ärzten und Missionaren, die im 17. Jahrhundert mit den Seefahrern und Handelsleuten bis nach China reisten, ließen sich europäische Mönche in der Handhabung der Akupunkturnadeln unterweisen und brachten die Heilkunst nach Europa. Dies erklärt auch die bei uns gebräuchliche, aus dem Lateinischen stammende Bezeichnung (»acus« = »Nadel«, »pungere« = »stechen«, »premere, pressum« = »drücken, gedrückt«).

Europäer, die China bereisten, berichteten zum Teil Wundersames über die Akupunktur. Offenbar reicherten manche Akupunkteure damals, ähnlich den Schamanen, ihre Behandlungen mit allerlei Zeremonien an. Einige sollen den Stand der Gestirne mit einbezogen haben (was nach neueren westlichen Erkenntnissen wiederum nicht so abwegig ist). Akupunktur – und besonders Akupressur als Selbsthilfe – war in den westlichen Ländern lange Zeit für viele kaum zu begreifen. Manche betrachteten diese fernöstliche Behandlungstechnik als komplizierte Geheimwissenschaft, andere als Scharlatanerie oder Wunderglaube. Dieser letzteren Annahme steht gegenüber, daß auch Bewußtlose sich erfolgreich behandeln lassen. Tiere, bei denen die Akupunktur immer häufiger angewandt wird, sind ebenfalls ein guter Gegenbeweis für eine Placebothese (Scheinerfolgsthese). In China wird Akupunktur an mehreren Akademien und Spitälern gelehrt, als Zentrum gilt die Universität Peking.

Eine kostensparende medizinische Basisversorgung stellen die sogenannten »Barfußärzte« sicher. Es handelt sich um Arbeiter und Bauern, die das chinesische medizinische Grundwissen beherrschen und in Betrieben, Familien und der Nachbarschaft eine Art Erster Hilfe bieten. Akupressur darf man in China als echte Volksmedizin bezeichnen, weil ein großer Teil der Bevölkerung sie ganz selbstverständlich und regelmäßig durchführt.

Chinesische Eltern unterrichten ihre Kinder und geben die Kenntnis der Akupunkte, die manchmal als Geheimnis gehütet werden, an sie weiter. Die Grenzen der Akupunktur und Akupressur sind ihnen bekannt. Sie wissen, daß beispielsweise bei einer infektiösen Krankheit der Arzt die Behandlung übernehmen muß. Schon die Schulen lehren die Kinder Akupressur, und dies verhilft zu besserer Konzentration, Lernfähigkeit und besserem Auffassungsvermögen. Während bei uns die Krankheitskosten jährlich zunehmen, werden in China bereits die Schulkinder auf Selbstbehandlung und Vorbeugung gegen Krankheiten vorbereitet – wohl »glücklicherweise«, denn für die meisten Chinesen wäre eine medizinische Versorgung auf westeuropäischem Niveau unerschwinglich.

Obwohl Akupressur und Akupunktur zu den ältesten Heilmethoden zählen, ist deren Entwicklung nicht abgeschlossen. Immer wieder entdeckt man Punkte, die besser und schneller wirken oder sich einfacher finden und aktivieren lassen als die bereits bekannten.

In Europa hat eine ganze Reihe von Ärzten und Heilpraktikern sich der Akupressur und der Akupunktur angenommen, manche verbinden sie mit der Schulmedizin. Wie bereits erwähnt, entwickelte NOGIER die Aurikulo-Akupunktur entscheidend weiter. Die Heilerfolge sprechen für sich – sie haben der Akupressur und Akupunktur in Europa zum endgültigen Durchbruch verholfen.

Die Erkenntnis hat sich durchgesetzt, daß Akupressur und Akupunktur die Schulmedizin nicht ersetzen sollen und können, sondern ergänzen.

Wie funktionieren Akupressur und Akupunktur?

Um es vorwegzunehmen: Die Wirkungsweise von Akupunktur und Akupressur ist trotz verstärkter Forschung und zahlreicher wissenschaftlicher Untersuchungen noch nicht bis in alle Details geklärt. Aber daß ein Einfluß besteht, wurde anhand medizinischer Experimente bewiesen. Beispielsweise zeigt das Elektrokardiogramm bei Kranken und Gesunden kurz nach Beginn der Nadelung deutlich Veränderungen an. (Die Behandlung von Herzrhythmusstörungen gilt als typische Anwendungsmöglichkeit für eine erfolgreiche Akupunkturtherapie.) Mit einem im Handel erhältlichen elektronischen Meßgerät lassen sich die meisten Akupunkte nachweisen und auffinden. Der elektrische Widerstand auf der Haut ist über den Akupunkten geringer, dies gibt das Gerät an.

Einen weiteren Erklärungsansatz können die Methoden von Pfarrer SEBASTIAN KNEIPP liefern: Hier werden Kältereize oder Wärmereize auf Nervenbahnen oder Energiebahnen durch den Körper geleitet, dies kann zu den gewünschten Reaktionen, wie Schmerzlinderung und Genesung, führen. Ebenso fanden mehrere wissenschaftliche Untersuchungen heraus, daß der Körper in besonderen Situationen – etwa bei schweren Verletzungen – selbst morphinähnliche, also schmerzstillende Stoffe produziert. Ob die Akupunktur ähnliche Reaktionen im Organismus auszulösen vermag, ist Gegenstand von Forschungsarbeiten.

Die Sportmedizin studiert die menschliche Muskulatur seit Jahrzehnten mit großem Aufwand. Nun rückt die lange vernachlässigte Zellforschung in den Vordergrund – vielleicht wird sie das Rätsel Akupunktur lösen. Die Nobelpreisträger für Medizin des Jahres 1991, ERWIN NEHER und BERT SACKMANN, liefern mit ihrer Arbeit über die Ionenkanäle möglicherweise einen wichtigen Gedanken zur Erklärung der Funktion der »Meridiane« (Energieleitbahnen). Neher und Sackmann wiesen nach, daß die Fortpflanzung der Nervenerregungen entlang der Nerven, die Übertragung von einer Nervenzelle zur anderen und zu den Muskeln, durch als »Ionenkanäle« bezeichnete Proteinstrukturen ermöglicht wird.

Die Stimulierung der Akupunkte kann Unterschiedliches bewirken: beruhigen, anregen, bestimmte Reaktionen in Organen auslösen oder Auskunft über den Zustand der Organe oder das Allgemeinbefinden des zu Behandelnden geben.

Die Meridiane

Die Akupunkte befinden sich entlang sogenannter »Meridiane«, die auch als »Energiebahnen« oder »Leitbahnen« bezeichnet werden. Sie gewährleisten den Fluß der aktiven Energie, des »qi« oder »ch'i« (das »gehen, fließen« bedeutet),

VERLAUF DER

auf denen die Ak

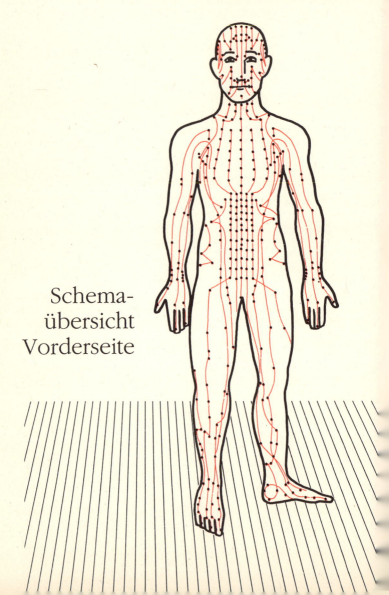

Schema-
übersicht
Vorderseite

MERIDIANE,

unkte liegen

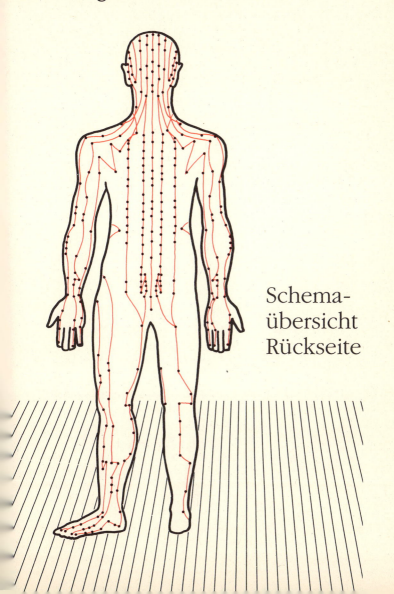

Schema-
übersicht
Rückseite

durch den Körper. Die klassische Akupunktur nennt zwölf Hauptmeridiane, die den Körper meist in vertikaler Richtung durchziehen: den Dickdarmmeridian, den Magenmeridian, den Dünndarmmeridian, den Harnblasenmeridian, den Gallenblasenmeridian und den »Dreifachen Erwärmer« als die sechs aktiven (an den Außenseiten des Körpers verlaufenden) »Yang«-Meridiane. Als die sechs passiven (an den Innenseiten liegenden) »Yin«-Meridiane gelten Lungenmeridian, Milzmeridian, Herzmeridian, Nierenmeridian, Lebermeridian und der »Meister des Herzens«. Insgesamt, die an zwei Nebenmeridianen gelegenen Punkte und die Spezialpunkte außerhalb der Meridiane inbegriffen, sind nahezu vierhundert klassische Akupunkte bekannt. Zunehmend einbezogene, nichtsystematische »Neupunkte« erweitern die klassischen Punkte um ein Vielfaches.

Yin und Yang

Die auf einer chinesischen Naturphilosophie beruhende Yin-Yang-Lehre versteht Yin und Yang als die zwei großen, zusammenwirkenden, komplementären Polaritäten (nicht im Sinne einer Dualität einander widerstrebender Kräfte), die sowohl in der Natur, im Universum, als auch im Menschen bestimmend wirken.

Beim Gesunden sollen Yin und Yang, die beiden einander ergänzenden Steuerungssysteme, sich im Gleichgewicht, in Harmonie befinden. Beim Kranken müsse das Ungleichgewicht der beiden Urkräfte korrigiert werden.

Yang wird häufig mit einer Reihe von Begriffen oder Adjektiven, wie Antrieb, Arbeit, Energie, Leistung, Hitze, Tag, Sommer, Sonne, außen, positiv, aktiv und das Männliche beschrieben. Yin steht für Ruhe, Ausgleich, das Weibliche, Beharrung, Speicherung, Kälte, Nacht, Winter, Mond, negativ, passiv. (Die → makrobiotische Ernährung orientiert sich sehr an diesen einander ergänzenden polaren Kräften: Yin symbolisiert das Süße und Saure, Yang das Salzige und Bittere.)

Die moderne Medizin kennt, wenn sie das autonome oder vegetative Nervensystem beschreibt, ebenfalls voneinander unabhängige Steuerungsmechanismen. Das vegetative Nervensystem steuert unbewußte Lebensvorgänge, wie die Arbeitsweise der Eingeweideorgane und den Kreislauf. Es bestehen aber Verbindungen zum Triebleben, Willensleben und zur Gemütslage. Man unterscheidet zwischen dem Sympathikus, der, vereinfacht ausgedrückt, den Körper »antreibt«, und dem Parasympathikus, der den Körper gleichsam »bremst«. Darin ließe sich eine Parallele zur Yin-Yang-Lehre der Chinesen sehen. Der Sympathikus sorgt für die Energieentladung und den Abbau – beispielsweise bewirkt er im Stoffwechsel einen Anstieg des Gesamtenergieumsatzes. Der Parasympathikus steht für Energieeinsparung, Erholung und Aufbau – unter anderem verlangsamen sich Stoffwechsel und Herztätigkeit, die Hormonsekretion geht zurück, die Verdauungs- und Ausscheidungsfunktionen verstärken sich.

Die ganzheitliche Betrachtungsweise der Chinesen

Akupunktur und Akupressur bilden nur einen Teil der traditionellen ganzheitlichen chinesischen Medizin, die Einflüsse von der naturphilosophischen, kosmologischen Lehre des → Taoismus, der Elementenlehre und der Yin-Yang-Lehre zeigt. Eine chinesische Therapie kann sich demnach aus einer dem Kranken angepaßten Kombination von Medikamenten, Akupressur, Akupunktur, Moxibustion (Abbrennen von Kräutern auf den Hautarealen der Akupunkte, um diese durch Erwärmen anzuregen), Massage, Diät und Heilgymnastik zusammensetzen. Die westliche, naturwissenschaftliche Medizin hat aber ihren gleichberechtigten Platz neben den traditionellen chinesischen Heilmethoden gefunden. Chinesische Ärzte zögern nicht, bei gewissen Krankheiten, wie Epidemien oder Infektionskrankheiten, die auf diesem Gebiet überlegenen westlichen Behandlungsformen anzuwenden.

Akupressur und Selbstverantwortung

Gerade im Gesundheitswesen zeigt es sich, daß die Gesellschaft der Spezialisten bedarf. Ebenso deutlich tritt zutage, daß die Gesellschaft nicht alle Verantwortung an die Spezialisten abgeben kann. Grundsätzlich hat jeder Mensch das Recht, über seinen Körper zu verfügen – dazu bemerken manche Ärzte, daß sie kein Monopol auf Heilung haben. Jeder einzelne ist dazu aufgerufen, für seinen Körper Sorge zu tragen und ihn zu beobachten. Kleinere Erkrankungen, wie Halsweh und Schnupfen, werden seit jeher mit »Hausmitteln« bekämpft, und kein Arzt wird dies in Frage stellen. Es liegt aber in der eigenen Entscheidung, ob und zu welchem Zeitpunkt man den Arzt aufsucht.

Wie verhält es sich mit der Akupressur als Selbsthilfe? Wer die nachfolgenden Vorsichtsmaßnahmen beachtet, die Wirkung der Akupressur und die Reaktionen des Körpers genau mitverfolgt, wird kaum Risiken eingehen und kann einen hohen Nutzen aus der Eigenbehandlung ziehen. Die Selbstbehandlung mit Akupressur hat den Vorteil, daß Sie unabhängig von Zeit und Ort und auf Ihre individuellen Bedürfnisse abgestimmt reagieren können. Freilich benötigt man anfangs ein wenig Geduld und Lernbereitschaft, dafür steht sie dann ein Leben lang zur Verfügung.

Für wen eignet sich die Akupressur?

Die hier vorgestellte Eigenbehandlung mit Akupressur ist für alle Erwachsenen, Jugendlichen und Kinder ab zwölf Jahren (gegebenenfalls unter Aufsicht ihrer Eltern), die an Übergewicht und der als ernährungsbedingt bezeichneten Fettsucht (Adipositas) leiden, gleichermaßen geeignet. Personen mit starkem Übergewicht (mehr als zwanzig Prozent über Körpergröße in Zentimetern minus einhundert) sollten sich vorsorglich ärztlich untersuchen lassen.

Wer sich in medizinischer Behandlung befindet, konsultiert seinen Arzt. Liegt krankhafte Fettsucht vor, muß die Eigenbehandlung ebenfalls nach Absprache mit dem Arzt ausgeführt werden. Die krankhafte Fettsucht mit feststellbaren organischen Ursachen ist sehr selten, sie tritt etwa bei Störungen der Drüsenfunktionen und Gehirnstörungen auf.

Aus Sicherheitsgründen verzichten Schwangere, Personen mit Herzerkrankung und Kreislaufleiden sowie Patienten mit ansteckenden Krankheiten, Hautausschlägen oder Ekzemen auf Eigenbehandlung mit Akupressur.

Hinweise und Regeln für die Akupressur

Achten Sie bei der Selbstbehandlung darauf, daß Sie (außer vielleicht an den Daumen) kurzgeschnittene Fingernägel und warme Hände haben. Bei einigen Akupunkten erreichen Sie eine starke Wirkung, indem Sie ein Holzstäbchen oder ein anderes Hilfsmittel benutzen – entsprechende Hinweise finden sich bei den Zeichnungen. Wer nicht auf lange

Fingernägel verzichten will, kann sämtliche Akupunkte mit einem Stäbchen anregen.

Bis auf wenige Ausnahmen (siehe die Hinweise) sind die Akupunkte für Frau und Mann identisch und auf die gleiche Weise anzusprechen.

o Bitte beachten Sie, daß die Akupressur nur an der richtigen Stelle und in der für Sie richtigen Zeitdauer Erfolg bringt.
o Die Selbstbehandlung ist keineswegs schwierig. Alles, was Sie brauchen, ist etwas Zeit, Geduld und Ausdauer.

Schon bald entwickeln Sie Routine, und die Anwendung fällt Ihnen täglich leichter. Die erwähnte Geduld, Lernbereitschaft und Ausdauer sind allerdings Voraussetzung. Gemessen an Ihrem Ziel, Ihr gewünschtes Gewicht zu erreichen und halten zu können, ist es aber ein geringer Einsatz.

Die maximale Anwendungsdauer und die beste Drucktechnik sind bei den betreffenden Akupunkten aufgeführt. Die Akupunkte sind einfachheitshalber numeriert und nach ihrer Lage am Körper genau beschrieben – auf Fachausdrücke wird weitgehend verzichtet. Die Ernährung, das bewußte Essen und wie Sie es mit der Akupressur kombinieren, werden in Kapitel III ausführlich behandelt.

Eltern helfen ihren Kindern, die Akupressur durchzuführen. Anleitung und Kontrolle sind besonders zu Beginn der Selbstbehandlung wichtig. Kinder sind nach anfänglicher Skepsis dankbare, ja sogar begeisterte Anwender der Methode.

Falls Sie das Gefühl haben, daß der → Mond einen starken Einfluß auf Sie ausübt, beginnen Sie mit der Akupressur am besten ein bis zwei Tage nach Vollmond. Für Frauen empfiehlt es sich, die Behandlung zwei bis drei Tage nach der Monatsregel aufzunehmen.

Linkshänder halten sich an die entsprechenden Hinweise. Außerdem: Alkoholgenuß kann nicht nur die Wirkung der Akupressur einschränken, sondern enthemmt allgemein – auch beim Essen!

So finden Sie die Akupunkte

Sehen Sie sich auf den Abbildungen die Lage der Akupunkte genau und in Ruhe an. Studieren Sie die dazugehörige Beschreibung und ertasten Sie sich den Punkt. In vielen – aber nicht in allen – Fällen ist der Akupunkt druckempfindlich. Ihre Empfindung und Reaktion bei der Stimulation bestätigt Ihnen die Richtigkeit der Anwendung. Nach kurzer Übung finden Sie den Akupunkt sofort.

An einigen Stellen ist die Richtung der Beeinflussung entscheidend, berücksichtigen Sie deshalb die Pfeile bei den Illustrationen. Vergleichen Sie Ihre Anwendungspraxis am Anfang täglich, später von Zeit zu Zeit mit den Anweisungen bei den Abbildungen – prägen Sie sich diese ein.

Empfehlenswert, aber im Berufsalltag leider nicht immer möglich ist folgende Vorgangsweise: Ziehen Sie sich zurück, konzentrieren Sie sich auf die Punkte, führen Sie die Akupressur durch und gönnen Sie sich danach einen Moment Ruhe – entspannen Sie sich. Wenden Sie bei der Akupressur nie viel Kraft an! Die Anweisung »kräftiger Druck« bedeutet keinesfalls, daß Sie drücken sollen, bis Sie starke Schmerzen verspüren oder gar Hautreizungen entstehen. Bemerken Sie einen leichten Schmerz, sollten Sie nur ganz sanft massieren. Nach ein paar Tagen können Sie den Druck allmählich intensivieren – dies ist weitgehend Erfahrungssache.

1.a Ohrmuschelpunkte links und rechts

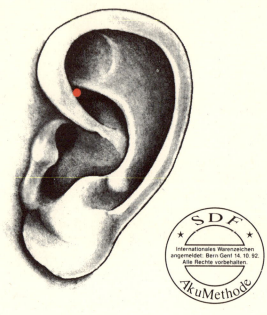

Linke Ohrmuschel

Dieser Akupunkt – wahrscheinlich der wichtigste für Sie – befindet sich im Winkel, bei dem sich der obere Rand der Ohrmulde mit der Ohrleiste verbindet. Der Punkt kann mit der Zeigefingerkuppe aktiviert werden. Ein Kugelschreiber mit aufgesetzter Kappe, ein Filzstift oder ein Autoschlüssel erreicht jedoch eine wesentlich stärkere Wirkung. Sie können auch ein chinesisches Eßstäbchen aus Holz verkürzen (im Warenhaus erhältlich) und dazu benutzen. Welchen

So finden Sie die Akupunkte 37

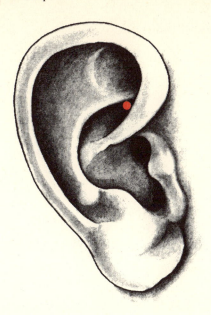

Rechte Ohrmuschel

Gegenstand Sie auch verwenden, das Hilfsinstrument sollte immer ein abgerundetes Ende haben, also nicht zu spitz sein. Beginnen Sie mit der linken Ohrmuschel und gehen Sie dann zur rechten über. Üben Sie während der ersten Tage etwa zehn Sekunden sanften Druck aus, und zwar höchstens dreimal bis viermal täglich. Später können Sie die Behandlungsdauer etwas verlängern.

1.b Linke und rechte Ohrmuschel

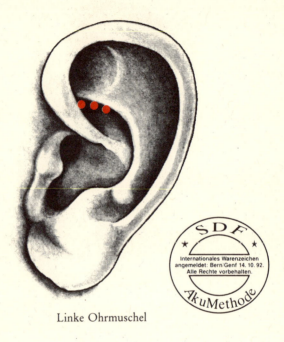

Linke Ohrmuschel

Sie erhöhen die Wirkung erheblich, wenn Sie anschließend an die vorhergehende Übung die oben angeführten Akupunkte an der linken und rechten Ohrmuschel mit der Zeigefingerkuppe massieren. Das Bearbeiten einer Linie oder Zone nennt man auch »schieben«. Schieben Sie also mit der Fingerkuppe des gestreckten Zeigefingers am oberen Rand der Ohrmulde *(Concha superior)*. (Achten Sie auf kurzgeschnittene Fingernägel, die empfindliche Haut an der Ohrmuschel ist sehr verletzlich.) Um diese Zone zu aktivieren, läßt sich ebenfalls ein Stäbchen verwenden. Beginnen Sie mit sanften, streichenden Bewegungen, verstärken Sie den

So finden Sie die Akupunkte

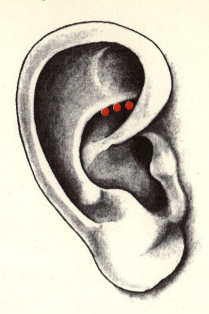

Rechte Ohrmuschel

Druck langsam, den Sie beim linken Ohr nur bei der Bewegung nach hinten geben, beim rechten Ohr nach vorne, und schließen Sie die Akupressur mit wieder allmählich sanfter werdendem Druck ab.

Achten Sie darauf, daß Sie sowohl die Erhöhung am oberen Rand der Ohrmulde als auch die etwas darunter liegende Zone bearbeiten. Führen Sie etwa zwei bis drei Bewegungen pro Sekunde aus. Die anfängliche Behandlungsdauer beträgt etwa zehn Sekunden, nach ein paar Tagen etwa zwanzig Sekunden. Benutzen Sie zu Beginn eine Hautcreme oder ein Hautöl (am besten gleich am Morgen auftragen), um Hautreizungen vorzubeugen. Notfalls können Sie die Stelle auch etwas anfeuchten. Wenn sich kurz nach der Akupressur ein flaues Gefühl im Magen einstellt, so haben Sie die Stelle perfekt getroffen.

Aktivieren Sie die Ohrmuschelpunkte (1a und 1b) dreimal bis viermal täglich, wobei Sie die erste Behandlung etwa um elf Uhr vornehmen können. Am späten Nachmittag und am Abend – Ihr Arbeitstag ist nun vielleicht beendet, und Sie haben jetzt Zeit, sich ganz auf die Akupressur zu konzentrieren – verstärken Sie die Eigenbehandlung nach Bedarf.

2. Ohrpunkte links und rechts

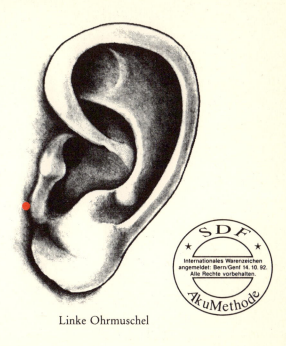

Linke Ohrmuschel

Legen Sie den Zeigefinger genau an die Stelle, die die Abbildung 2 zeigt, also vor die linke Ohrmuschel. Diese Stelle wird »Tragus« genannt. Studieren Sie die Zeichnung sorgfältig, denn in diesem Bereich liegen einige Akupunkte dicht beieinander. Setzen Sie die Fingerkuppe oder das Stäbchen in das Zentrum des Akupunktes, und führen Sie bei mittlerem Druck kleine, kreisende Bewegungen im Uhrzeigersinn aus – verschieben Sie nicht den Zeigefinger am Punkt, sondern nur die Haut etwas, und zwar mit etwa zwei bis drei Bewegungen pro Sekunde. Danach verfahren Sie am entsprechenden Akupunkt an der rechten Ohrmuschel ebenso.

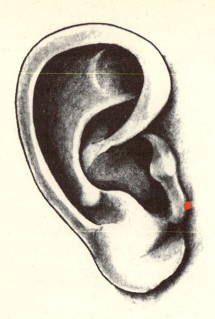

Rechte Ohrmuschel

Diese beiden Akupunkte sind in bezug auf den »Magenhunger« bedeutsam. Seien Sie geduldig, falls Sie nicht sofort auf diese Punkte ansprechen. Nach kurzer Gewöhnungsphase wirken sie so: Wenn Ihr Magen knurrt, stellen Sie dieses unangenehme Gefühl »auf Knopfdruck« ab. Üben Sie auf diese Punkte etwa zehn Sekunden lang Druck aus, nachdem Sie zuvor die Punkte 1a und 1b aktiviert haben, bei starkem Hungergefühl auch etwas länger.

3. Ohrmuschelrand rechts

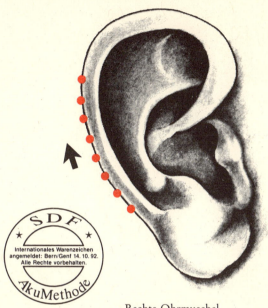

Rechte Ohrmuschel

Nehmen Sie den äußersten Rand (Helix) der rechten Ohrmuschel zwischen Daumen und Zeigefinger. Um die empfindliche Haut am Ohr zu schonen, üben Sie auf die abgebildeten Akupunkte mit der Daumenkuppe von unten nach oben sanften Druck aus. Nach ein paar Tagen der Gewöhnung können Sie den Druck verstärken.

Diese Punkte sind als »Suchtpunkte« bekannt. Nach einiger Gewöhnungszeit können Sie auch gezielt mit dem Daumennagel kneifen – das ist sehr wirksam, vor allem wenn Sie abends Verlangen nach Süßigkeiten oder einem alkoholischen Getränk verspüren.

Beginnen Sie mit kurzen Behandlungszeiten, die Sie langsam auf etwa zehn Sekunden und dreimal bis fünfmal pro Tag ausdehnen können. Sollten sich Hautreizungen zeigen, müssen Sie die Behandlung sofort unterbrechen – weichen Sie in diesem Fall vorübergehend auf die im folgenden beschriebenen Akupunkte 5 und 6 (Oberarmpunkte, Zahnfleischpunkt) aus.

Nach diesen drei wichtigsten Punkten folgen einige Ratschläge, die für Sie vielleicht nützlich sind, obwohl sie zum Teil nur indirekt mit dem Problemkreis Übergewicht in Verbindung stehen. Die Anwendung richtet sich ganz nach Ihrem Bedarf.

4. Kopfpunkt – »Suchtpunkt«

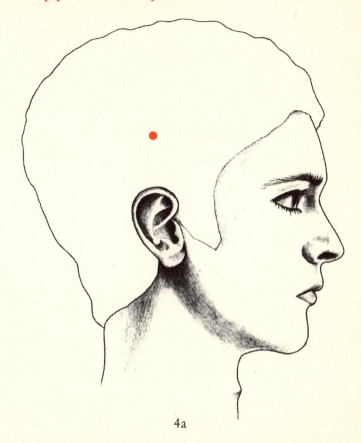

4a

Diesen Akupunkt finden Sie, indem Sie die Finger gemäß der Abbildung 4b auf Seite 46 krümmen und die Hand – mit aneinandergepreßten Fingern – über der rechten Ohrmuschel anlegen. Ertasten Sie sorgfältig dort, wo die Kuppe des kleinen Fingers den Kopf berührt, eine kleine, druckempfindliche Vertiefung. Genau hier liegt dieser hochwirk-

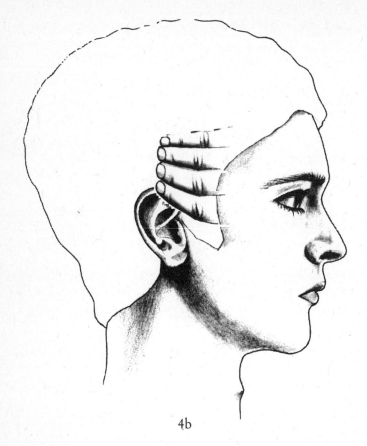

4b

same Punkt. Sie aktivieren ihn vorzugsweise zusammen mit Akupunkt 3, und zwar immer dann, wenn Ihnen nicht gerade der Magen knurrt, Sie aber dennoch Appetit, also Lust auf Essen, Süßigkeiten oder alkoholische Getränke haben. Erfahrungsgemäß kommt dies vielfach am Abend vor. Üben Sie hier, vorzugsweise mit einem Stäbchen, etwa zehn Sekunden lang – anfangs leicht, einige Tage später etwas intensiver – Druck aus.

Die Akupressur wirkt so: Sie haben ein eigenartiges Gefühl, das bei stärkerem Druck in ein leichtes Schmerzempfinden übergehen und bis in den Rücken ausstrahlen kann. Wenn Sie feststellen, daß Sie bei zunehmendem → Mond oder bei Vollmond reizbar und unruhig sind, während dieser Tage vermehrt Appetit und Lust auf Naschwerk oder alkoholische Getränke haben, ist der Punkt, auch in Kombination mit Punkt 3 und den Kniepunkten (siehe Seite 65 beziehungsweise 75 ff.), die Geheimwaffe dagegen.

Zur Erinnerung: Falls Sie das Gefühl haben, daß der Mond Sie stark beeinflußt, beginnen Sie, wie schon gesagt, am besten bei abnehmendem Mond mit der Selbstbehandlung, nicht bei Vollmond.

Gönnen Sie sich jetzt eine kleine Pause, indem Sie während der nächsten Tage nur die Anwendung der Hauptpunkte (der Punkte 1 bis 3), eventuell auch Position 4, üben. Lesen Sie inzwischen in Kapitel III und IV weiter. Sobald Ihnen die bisher gezeigten Akupunkte geläufig sind, nehmen Sie sich die übrigen vor.

5. Oberarmpunkte – Appetitdämpfung

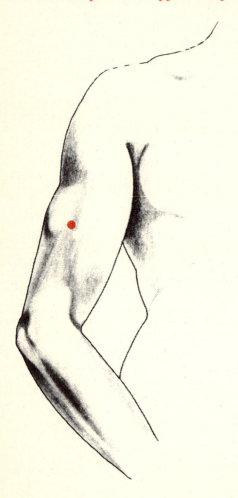

Die beiden auch »yü-pe« genannten Punkte befinden sich in der Mitte eines jeden Oberarms, genau zwischen dem Schultergelenk und dem Ellenbogengelenk. Sie sind druckempfindlich – wenden Sie auch hier die Technik des leichten Kreisens mit dem Zeigefinger im Uhrzeigersinn an. Bearbeiten Sie die Punkte jeweils zwanzig bis dreißig Sekunden lang, und zwar höchstens vier- bis fünfmal am Tag. Auch hierfür können Sie ein Stäbchen oder ein ähnliches Hilfsinstrument benutzen.

Der Druck auf »yü-pe« wirkt nicht so nachhaltig wie auf die Ohrpunkte, trotzdem ist es nützlich, die beiden Oberarmpunkte als Ergänzung oder als Ausweichmöglichkeit bei Hautreizungen am Ohr zu kennen. Finden Sie heraus, wie Sie auf die Behandlung reagieren. Das gleiche gilt für den folgenden Akupunkt, den Zahnfleischpunkt.

6. Zahnfleischpunkt – Appetitdämpfung

Diesen Akupunkt können Sie direkt auf dem Zahnfleisch oder auf der Oberlippe aktivieren. Bei Auftreten von Hungergefühl geschieht dies zehn bis zwanzig Sekunden dreimal bis viermal täglich. Sie können den Zahnfleischpunkt auch mit den Ohrpunkten kombinieren – am besten probieren Sie die Ihnen am wirksamsten erscheinende Punktefolge aus.

7. Akupunkt am kleinen Finger – Anregung, Förderung der Ausscheidungsfunktion

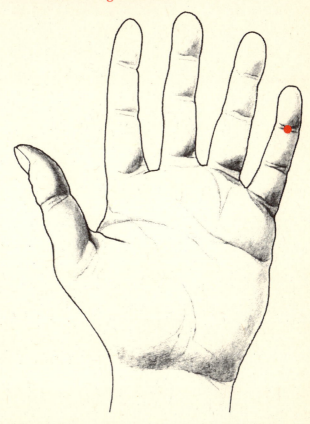

Am linken kleinen Finger, in der vordersten Hautfalte (siehe Abbildung), finden Sie einen nützlichen Anregungspunkt, der auch bei Müdigkeit gute Dienste leistet. Üben Sie zweimal bis dreimal täglich etwa zehn Sekunden lang, am besten mit einem Stäbchen, im Rhythmus Ihres Pulses Druck auf ihn aus.

Dieser Akupunkt ist gegen eine mögliche Tendenz des Organismus nützlich, den Grundumsatz an Energie zu verringern. Täglich betätigt, in Kombination mit Punkt 9 und etwas körperlicher Bewegung, fördern Sie die Körperfunktionen.

8. Verdauungspunkte

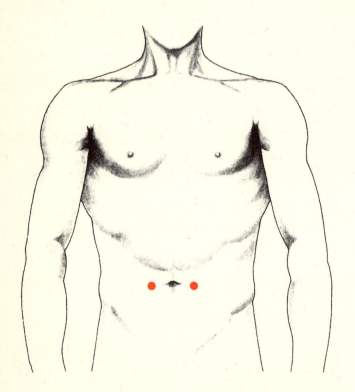

Massieren Sie mit der Fingerkuppe den Bereich zu beiden Seiten des Nabels mit kreisenden Bewegungen im Uhrzeigersinn und unter sanftem Druck. Den Abstand messen Sie,

So finden Sie die Akupunkte 53

indem Sie den Zeigefinger und den Mittelfinger zu Hilfe nehmen. Vorsicht, anfangs nur kurz (etwa fünf Sekunden lang) an diesen Punkten arbeiten (Durchfallgefahr)! Warten Sie zuerst die Wirkung ab, und erhöhen Sie die Behandlungsdauer nur langsam. So finden Sie die für Sie richtige Zeit am besten heraus. Maximal dreimal täglich anwenden.

9. Fettabbau

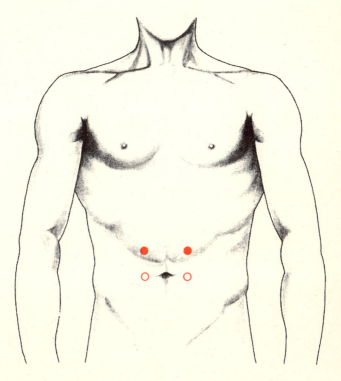

Die zwei Punkte für den Abbau von Körperfett liegen drei fingerbreit (den Zeigefinger, Mittelfinger und Ringfinger nehmen) über den Verdauungspunkten. Führen Sie auch hier langsame, kreisende Druckbewegungen im Uhrzeigersinn aus, ohne die Haut zu verschieben – etwa zwanzig bis dreißig Sekunden lang dreimal bis viermal am Tag.

10. Stoffwechsel-Akupunkt am Fuß

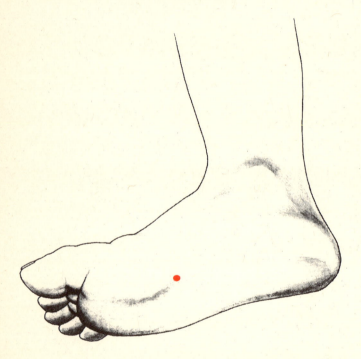

Legen Sie (sitzend) das rechte Bein über das linke Knie. Der Punkt, den Sie nun vorzugsweise kräftig mit dem rechten Daumen oder mit dem Stäbchen stimulieren, liegt am Ende des Zehenballens, vier fingerbreit hinter der ersten Zehenfalte. Es lohnt sich, diesen Punkt genau zu ertasten, denn er ist äußerst wirksam und »meldet« sich nach einigen Tagen von selbst – er will aktiviert werden! Wenn Sie einer sitzenden Tätigkeit nachgehen, werden Sie den Fußpunkt bald auch während Ihrer Arbeit akupressieren. Ziehen Sie einfach Ihren rechten Schuh aus, und drücken Sie den Fuß gegen die Kante eines Möbelstücks, an eine geeignete Stelle am unteren Teil Ihres Bürosessels oder eines anderen Gegenstandes.

Dr. med. STEPHEN T. CHANG empfiehlt in seinem »*Handbuch ganzheitlicher Selbstheilung*« (3. Auflage, Ariston Verlag, Genf/München 1992) die folgenden nützlichen Übungen des medizinischen Tao-Systems, die den Fettabbau beschleunigen:

Erster Teil der Übung

1. Stellen Sie sich aufrecht an eine Wand, so daß Fersen, Gesäß, obere Rückenpartie und Kopf die Wand berühren.

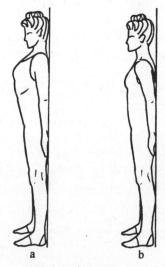

Erster Teil der Übung

2. Während Sie durch die Nase einatmen, strecken Sie sich und ziehen möglichst stark den Bauch ein, so daß sich der Brustkorb maximal weiten kann. Lassen Sie die Arme seitlich herabhängen. Sie spüren, wie Ihre Schultern breit werden und sich gegen die Wand pressen.
3. Atmen Sie möglichst schnell durch den Mund aus. Blasen Sie die Luft ganz aus den Lungen, drücken Sie zugleich den Bauch heraus. Wenn Sie es richtig machen, strafft sich dann der ganze Körper, während Sie ausatmen.
4. Üben Sie dieses Ein- und Ausatmen sieben- bis zwölfmal.

Sie werden feststellen, daß durch konsequentes Üben die gesamte Bauchmuskulatur straffer und kräftiger wird und die Spannkraft zunimmt. Überflüssiges Fett, Wasser und Gewebe werden abgebaut, und der Bauch verschwindet.

Zweiter Teil der Übung

1. Treten Sie von der Wand weg und heben Sie die Fersen möglichst hoch, so daß Sie auf den Zehen und den Zehenballen stehen.
2. Halten Sie den Rücken kerzengerade und beugen Sie ganz leicht die Knie, als wollten Sie sich auf einen Stuhl setzen. Die Arme sind in einem Winkel von 45 Grad vom Körper ausgestreckt.
3. Bleiben Sie zehn bis zwanzig Sekunden, nach Möglichkeit noch länger, in dieser Haltung und atmen Sie dabei gleichmäßig.

ANMERKUNG:
Anfangs werden Sie es nicht schaffen, den Rücken geradezuhalten und die Fersen ordentlich hochzuheben. Wenn Sie jedoch fleißig üben, wird es Ihnen bald gelingen, die Fersen

senkrecht und die Oberschenkel parallel zum Boden zu stellen und den Rücken geradezuhalten.

Diese Haltung kräftigt und tonisiert Oberschenkel, Waden und Knöchel. Sie stärkt die Bauchmuskeln und verbessert die Durchblutung der Beine und des Rumpfes und kräftigt außerdem den Rücken und das Nervensystem. Überdies stimuliert sie den Blasen-, Gallenblasen- und Magenmeridian. Da diese Meridiane an den Beinen entlang verlaufen, reduziert diese Übung auch Wasseransammlungen und Übergewicht und senkt den Blutdruck. Sie sollten bei einer Sitzung stets beide Teile der Übung machen, da sie harmonisierend wirken und einander ergänzen.

Zweiter Teil der Übung

11. Akupunkte an den Oberschenkeln vorne – Cellulite-Vorbeugung für Frauen

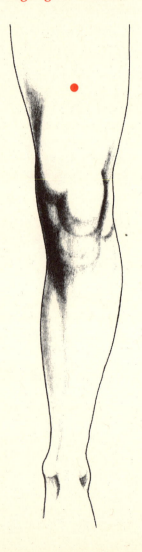

So finden Sie die Akupunkte 59

Führen Sie zur Vorbeugung gegen Cellulite mit dem Zeigefinger oder mit dem Stäbchen zweimal bis dreimal täglich für zehn Sekunden kreisende Druckbewegungen an beiden Oberschenkeln aus – genau in der Mitte zwischen Kniescheibe und Leiste.

Cellulite wird gelegentlich auch als »Orangenhaut« bezeichnet. Drückt man die Haut an den betroffenen Stellen etwas zusammen, hat ihre Oberfläche Ähnlichkeit mit der einer Orangenschale. Ist die Cellulite fortgeschritten – zeigt sich eine besonders hartnäckige Form von Fettansammlungen dicht unter der Haut, meist an Oberschenkeln, Hüften und am Gesäß –, sollte die Selbstbehandlung mit dem Arzt abgesprochen werden (→ auch Thalassotherapie).

12. Cellulite – Oberschenkel hinten

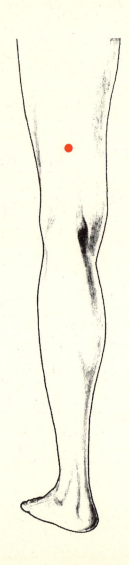

Üben Sie, wie bei Zeichnung 11 angegeben, auf die gleiche Weise hinten an den Oberschenkeln, genau in der Mitte zwischen Kniekehle und Gesäßfalte, in kreisenden Bewegungen Druck aus.

13. Akupunkt am Nacken – Vitalisierung

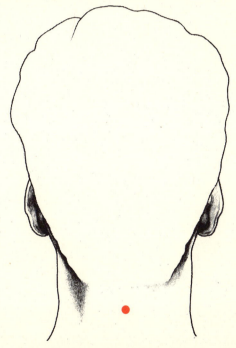

Wenn Sie sich müde und abgespannt fühlen, aktivieren Sie mit kreisenden Druckbewegungen die auf der Zeichnung angegebene Stelle am Nacken, etwa zehn bis fünfzehn Sekunden lang. Anschließend können Sie mit beiden Händen den ganzen Nacken leicht massieren – die Wirkung ist verblüffend.

14. Kopfpunkt – Merkfähigkeit und Vitalisierung

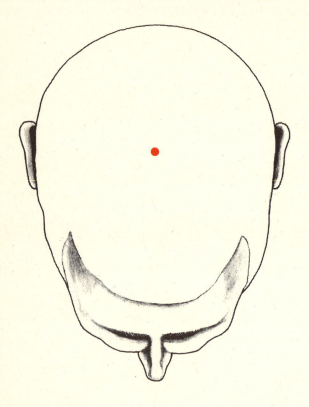

Auf der Schädeldecke, auf einer gedachten Linie zwischen beiden Ohren, liegt dieser hochwirksame Akupunkt, der Sie sofort belebt, die geistige Konzentration erleichtert und die Merkfähigkeit fördert. Üben Sie mit sanften Bewegungen etwa zehn Sekunden nach vorne zu, gegen die Nasenspitze, Druck aus. (Dieser Punkt darf bei Kleinkindern nicht betätigt werden.)

15. Akupunkt unterhalb des Kehlkopfs – Vitalisierung, Förderung der Konzentrationsfähigkeit, Verbesserung des Allgemeinbefindens

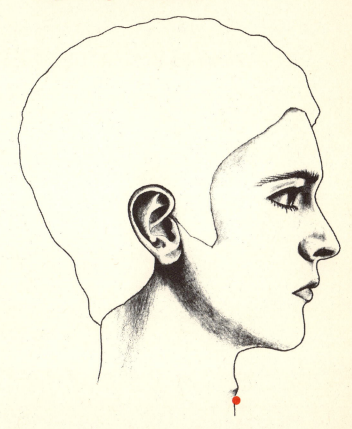

Dieser Spezialpunkt erhöht das Wohlbefinden, fördert die geistige Konzentration, das Auffassungsvermögen und den Einfallsreichtum beim Formulieren oder Sprechen. Der Akupunkt liegt am Hals, unmittelbar unter dem Kehlkopf. Wichtig ist, ihn zu Beginn sanft und mit kreisenden Bewegungen zu bearbeiten – nur etwa fünf Sekunden lang –, bis Sie die Wirkung kennen. Die Daumenkuppe eignet sich am besten dazu. Nach ein paar Tagen können Sie die Dauer auf etwa zehn bis zwanzig Sekunden, maximal zweimal bis dreimal pro Tag, ausdehnen. Die Behandlung kann, je nach Bedarf, später noch etwas verstärkt werden.

Sie regulieren damit die Schilddrüsenfunktion. Verzichten Sie auf die Aktivierung dieses Spezialpunktes, falls Sie bei der Behandlung ein unangenehmes Gefühl oder gar Schmerzen verspüren.

So finden Sie die Akupunkte

16. Akupunkte unterhalb der Knie – gegen Nervosität

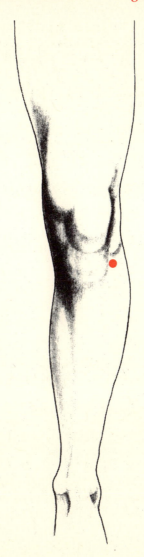

Wenn Sie gereizt und nervös sind, bearbeiten Sie die Punkte der »göttlichen Gleichmut«, wie man sie in China poetisch nennt. Ertasten Sie diese unterhalb der beiden Knie gelegenen Akupunkte sorgfältig – sie sind druckempfindlich –, und führen Sie kleine Bewegungen nach unten, gegen die Füße hin, aus, indem Sie nur die Haut etwas verschieben. Sie können dabei sitzen und beide Punkte gleichzeitig behandeln. Die Behandlungsdauer ist individuell, beginnen Sie mit etwa einer Minute, viermal bis fünfmal täglich. Bei Bedarf können Sie die Akupressur bis zu mehreren Minuten verlängern.

17. Akupunkt an der Kinnspitze – gegen innere Unruhe

Genau auf der Kinnspitze befindet sich dieser Akupunkt, den Sie bei innerer Unruhe oder Angstgefühlen aktivieren. Außerdem hebt er das Allgemeinbefinden und schafft klare Gedanken. Üben Sie mit dem Zeigefinger und mit leicht kreisenden Bewegungen Druck auf ihn aus. Nach Bedarf anwenden.

18. Akupunkte an den Nasenflügeln – gegen Lampenfieber

Indem Sie ein paarmal gegen die Nasenflügel klopfen und mit Daumen und Zeigefinger von den Nasenflügeln nach oben hin, gegen die Nasenwurzel, »schieben«, bekämpfen

Sie aufkommendes Lampenfieber wirksam. Anwendung nach Bedarf.

19. Akupunkt an der Brust – gegen Lampenfieber

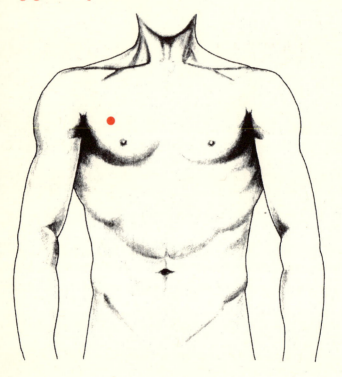

Zusätzlich zu Punkt 18 können Sie bei Lampenfieber und Angstgefühlen, vorzugsweise mit dem Zeigefinger und mit kreisenden Bewegungen, den Akupunkt auf der rechten Brustseite stimulieren. Er befindet sich vier Finger über der rechten Brustwarze (siehe Zeichnung).

20. Akupunkte zwischen den Schlüsselbeinen – Verstimmung, Allgemeinbefinden

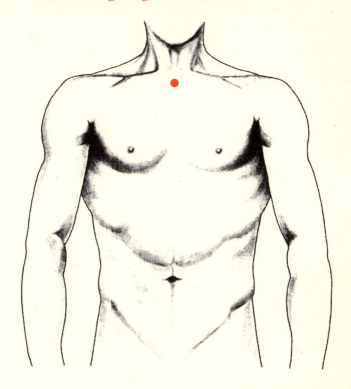

Genau in der Mitte über dem Brustbein, zwischen den beiden Schlüsselbeinen gelegen, ist dieser Akupunkt leicht zu lokalisieren. Übt man einen Reiz auf ihn aus (am besten mit dem Zeigefinger), spürt man sofort, daß die Atmung sich erleichtert, psychische Spannungen sich abbauen, daß er anregend wirkt und das Allgemeinbefinden günstig beeinflußt. Nach Bedarf anwenden, höchstens zweimal bis dreimal täglich.

21. Akupunkte unter dem Brustbogen – Allgemeinbefinden

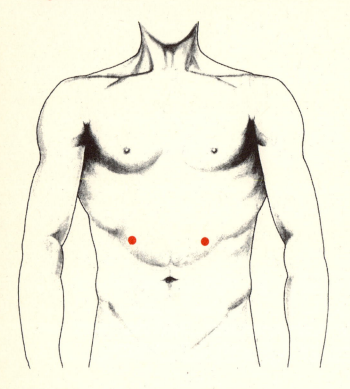

Ebenfalls anregend und positiv auf die Stimmungslage wirken die beiden Akupunkte unterhalb des Brustbogens. Sie sind druckempfindlich und deshalb leicht zu ertasten. Bearbeiten Sie sie mit dem Zeigefinger oder dem Mittelfinger maximal zweimal bis dreimal täglich etwa zehn Sekunden lang. Ein deutliches Schmerzempfinden auf der rechten Seite könnte ein Hinweis auf eine Leberschädigung sein.

So finden Sie die Akupunkte

22. Armpunkte gegen Verstimmung

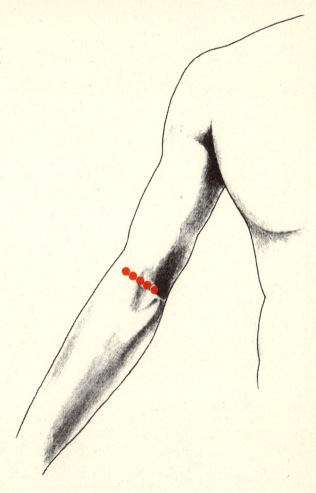

Diese Punkte liegen in den Ellenbogenfalten dicht beieinander, sie sind leicht zu finden und zu aktivieren. Drücken Sie, wenn Sie verstimmt, deprimiert oder verärgert sind, mit dem Daumen zuerst am linken Arm etwa zehn bis zwanzig Sekunden darauf, maximal viermal bis fünfmal täglich. Beginnen Sie mit mittlerem Druck, den Sie allmählich verstärken können. Die gleiche Behandlung gilt für den rechten Arm.

23. Akupunkt zwischen den Augenbrauen – gegen Schlaflosigkeit

Dieser Akupunkt ist bei Durchschlafstörungen sehr hilfreich. Er kann vorbeugend am Abend vor dem Einschlafen oder in der Nacht bei Auftreten der Schlafstörung aktiviert

So finden Sie die Akupunkte

werden. Den leicht aufzufindenden Punkt – er liegt genau zwischen den Augenbrauen – massieren Sie eine bis drei Minuten sanft nach unten hin.

24. Akupunkte an Fußknöcheln und Waden – gegen Krampfadern

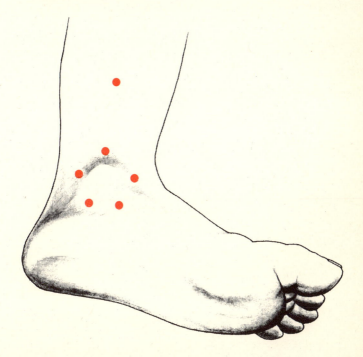

Diese bewährten Akupunkte stimulieren Sie bei schweren Beinen und Krampfaderschmerz. An den beiden inneren Fußknöcheln üben Sie, am besten mit der Daumenkuppe oder mit dem Stäbchen, in leicht kreisenden Bewegungen etwa zehn Sekunden je Punkt zweimal bis viermal täglich Druck aus. Der Akupunkt der Wade befindet sich am

Schienbein, eine Handbreit über dem inneren Knöchel. Mit zusätzlicher geeigneter → Fußgymnastik und mit Körpertraining – Marschieren, Radfahren, Treppensteigen, Bergsteigen, Schwimmen – können Sie Beinleiden vorbeugen. Bei fortgeschrittener Erkrankung, die sich in gut sichtbaren Venenerweiterungen, Krampfadern und »Besenreisern« (oberflächlichen Verzweigungen) zeigt, kann die Akupressur durchblutungsfördernd und schmerzlindernd wirken. In diesem Fall sollten Sie sich ärztlich untersuchen lassen.

25. Akupunkte an den Kniekehlen –
zur Vorbeugung gegen Knieschmerzen

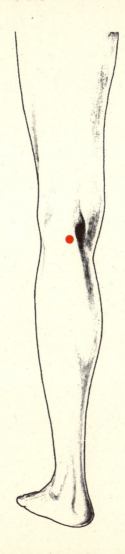

Naturgemäß sind die Kniegelenke die meiststrapazierten Gelenke des menschlichen Organismus – sie verrichten ihre Funktion unter der Belastung des Körpergewichts. Mit zunehmendem Alter und bei Übergewicht können Abnutzungserscheinungen (Kniearthrose, Arthritis) auftreten.

Führen Sie zur Vorbeugung an beiden Beinen in der Mitte der Kniegelenkfalte zweimal bis dreimal täglich etwa zehn bis zwanzig Sekunden lang kreisende Druckbewegungen aus. Anhaltende Kniegelenkschmerzen müssen ärztlich überprüft werden.

Zinkmangel kann Gelenkprobleme verstärken. Stellen Sie also bei Kniegelenkschmerzen eine ausreichende Zinkversorgung (Mineralien und Spurenelemente) durch die richtige Ernährung sicher – besonders weiße Bohnen sind eine gute Zinkquelle.

26. Akupunkte an beiden Kniescheiben – zur Vorbeugung gegen Knieschmerzen

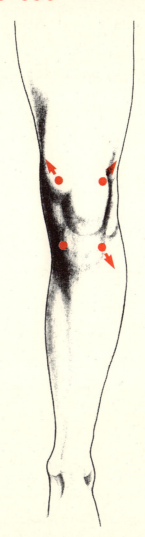

Diese Akupunkte oberhalb und unterhalb der Kniescheiben sind ebenfalls sehr wirksam. Bearbeiten Sie sie beidseitig in Pfeilrichtung – etwa zehn Sekunden pro Akupunkt, zweimal bis dreimal täglich.

27. Akupunkte an den Waden (außen) – zur Vorbeugung gegen Knieschmerzen

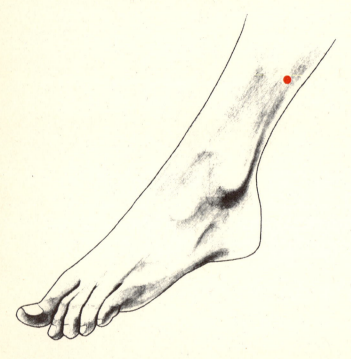

Diese Akupunkte zur Vorbeugung gegen Knieschmerzen befinden sich beidseitig eine Handbreit über den äußeren Fußknöcheln. Stimulieren Sie die Punkte nach oben zu zweimal bis dreimal täglich etwa zehn Sekunden lang.

28.a und b Akupunkte an Kniekehle und Fußknöchel (außen) – Pflege der Fingernägel

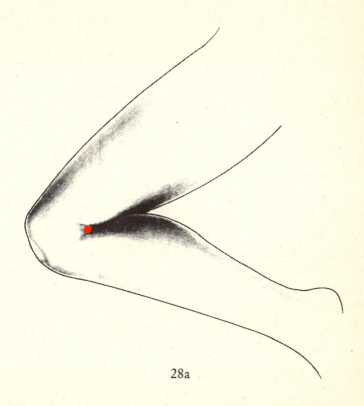

28a

Unschöne Fingernägel und eingerissene, vielleicht sogar entzündete Nagelhäute sind kleine, aber dennoch lästige Behinderungen. Zur Pflege der Fingernägel drücken Sie – am besten mit der Daumenkuppe – auf den Punkt an der rechten inneren Kniefalte. Nach Bedarf anwenden.

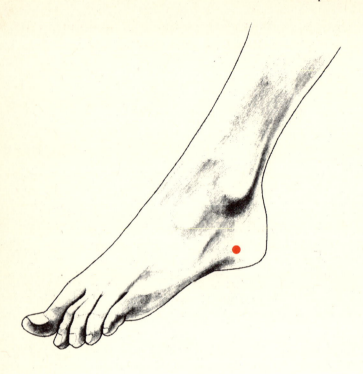

28b

Aktivieren Sie für schönere Nägel außerdem den Akupunkt, der zwei fingerbreit unterhalb des äußeren Fußknöchels liegt – ebenfalls nach Bedarf.

29. Augenpunkte – Allgemeinbefinden

Bewegen Sie Daumen und Zeigefinger mit sanftem Druck leicht kreisend auf diesen beiden Akupunkten. Sie befinden sich zwischen den Augen, neben der Nasenwurzel (siehe Zeichnung). Zur Vorbeugung gegen Augenleiden, um das Allgemeinbefinden zu verbessern und bei Müdigkeit genügen etwa zehn Sekunden Akupressur.

30. Stirnpunkte –
gegen Falten, für besseres Allgemeinbefinden

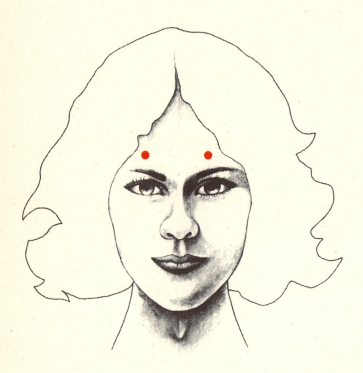

Diese beiden Akupunkte auf der Stirn sollten Sie täglich kurz mit sanftem Druck und leicht kreisenden Bewegungen der Zeigefinger anregen – dies wirkt gegen Faltenbildung und hebt das Allgemeinbefinden. Bei Müdigkeit und Kopfdruck, ja sogar bei Kopfschmerzen kann es spürbare Linderung bringen.

31. Augenpunkte – gegen Augenschatten

Drücken Sie etwa zehn Sekunden täglich mit sanften, leichten und kreisenden Bewegungen auf die in der Zeichnung angegebenen Stellen unter den Augen. So bekämpfen Sie Tränensäcke und Augenschatten.

32. Akupunkte an den Mundwinkeln und an den Wangen – gegen Falten

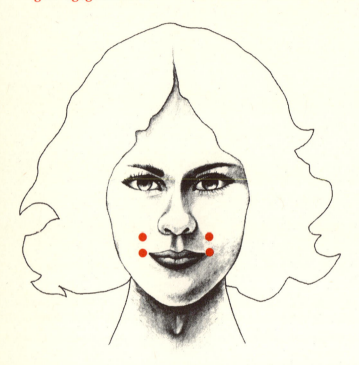

Nehmen Sie sich täglich für etwa zehn Sekunden die beiden Akupunkte gegen Falten in den Mundwinkeln vor. Ferner wirkt hier vorbeugend, wenn Sie die Backen aufblasen, die Luft anhalten und die Hand für fünf Sekunden auf die eine Wange, anschließend auf die andere Wange drücken. Auf der Höhe der Nasenflügel, am inneren Rand der Wangenknochen, befinden sich zwei weitere Akupunkte gegen Gesichtsfalten. Ebenfalls zehn Sekunden täglich akupressieren.

33. Akupunkte an der Nase – gegen Schnupfen

Abschließend seien noch zwei überaus wirksame Akupunkte gegen erkältungsbedingten Schnupfen genannt – exemplarisch dafür, was Akupressur zu leisten vermag (vorausgesetzt, man wendet sie richtig an). Massieren Sie *beim ersten Niesen* sofort unter sanftem Druck und mit kreisenden Bewegungen des Daumens und des Zeigefingers die Stelle an der Nasenwurzel, etwas unterhalb der Augen – dort, wo die Brillenfassung auf der Nase aufliegt. Behandeln Sie bei Erkältungsgefahr die ganze Zone mehrmals täglich etwa zehn bis zwanzig Sekunden lang. Klopfen Sie dann noch ein paarmal mit den Zeigefingern an die Nasenflügel – ganz hinten, gegen die Wangen zu.

Wenn Schnupfen und Erkältung drohen, sollten Sie stets auf warme und trockene Füße achten.

Diese Akupunkte bringen selbst bei Heuschnupfen Linderung.

III
Bewußter essen

Sie wenden die Akupressur an und spüren ihre starke Wirkung – vielleicht werden Sie nun bereits ein bißchen euphorisch. Inzwischen wissen Sie aber: Wer sein Gewicht langfristig regulieren, abnehmen und trotzdem gesund und leistungsfähig bleiben möchte, muß besonders auf die Qualität der Nahrungsmittel achten.

Bewußtes Essen (und Trinken) unterstützt den kontrollierten Gewichtsausgleich. Bewußter zu essen bedeutet, sich stets über die Zusammensetzung, Produktionsmethoden, den Energiegehalt und die Herkunft der Nahrungsmittel zu informieren. Wichtig ist, daß Sie die Wirkung der Speisen (und auch der Getränke) auf Ihren Organismus genau beobachten.

Nach einer gewissen Zeit entwickeln Sie ein untrügliches Gefühl für gesunde, → vitalstoffreiche Lebensmittel – wie einen frisch zubereiteten Selleriesalat oder Karottensalat, Sauerkraut, Spargel, eine kurz angedämpfte, knackige Gemüsemischung oder gartenfrisches Obst. Nach und nach werden Sie auf gewisse Speisen, etwa jene vom Imbißstand nebenan, verzichten können – der »leere« Geschmack wird Ihnen unangenehm auffallen.

Bewußtes Essen umfaßt aber noch mehr. Angesichts der komplexen wirtschaftlichen Zusammenhänge ist man nicht erstaunt, daß viele Verbraucher zuwenig an ihren Einfluß auf das Marktgeschehen denken. Der Umsatz und damit die Marktstellung eines Einzelhandelsunternehmens kommt durch die vielen individuellen Kaufentscheidungen der Verbraucher zustande. Oder anders ausgedrückt: Die Marktstellung, die »Marktmacht« eines Unternehmens ist Ausdruck der Käuferpräferenzen.

Heute weiß jeder, daß ein gesundes Leben ohne gesunde Nahrung unmöglich ist. Ein ausreichendes Angebot an schadstoffarmen, vitalstoffreichen und auf umweltverträgliche Art produzierten Lebensmitteln wird eine der großen Herausforderungen der Zukunft sein. Unsere täglichen kleinen Kaufentscheidungen im Geschäft summieren sich also zu einer mächtigen Stimmabgabe! Mit unserem Kaufentschluß veranlassen wir die Produzenten schneller, einwandfreie Nahrungsmittel herzustellen und anzubieten. Informieren Sie sich also über Produktionsmethoden, Herkunft und Gehalt der Nahrungsmittel, und geben Sie Ihre Stimme den kontrolliert angebauten und umweltverträglichen Produkten.

Bewußt zu essen und zu trinken ist übrigens ein wesentlicher Bestandteil der japanischen Eßkultur. Ein Beispiel dafür ist die berühmte Teezeremonie. Besonders die traditionelle → japanische Küche mit ihren speziellen Zubereitungsarten wollen wir im Kapitel IV etwas näher betrachten, denn sie entspricht den modernen Erkenntnissen der Ernährungsphysiologie. Sie setzt sich weitestgehend aus hochwertigen Nahrungsmitteln zusammen und ist leicht und bekömmlich.

Natürlich schließt bewußtes Essen die Kenntnis der Energiewerte von Nahrungsmitteln ein. Eine → Kalorientabelle finden Sie ebenfalls im Teil IV. Es lohnt sich, diese Tabelle zu studieren, ohne nun an kleinliche oder gar ängstliche Kalorienzählerei zu denken. Durch die Kenntnis der Tabelle entwickeln Sie vielmehr ein Gefühl für die energieliefernden Nährstoffe – die Kohlenhydrate, Proteine und Fette. Ebenso wichtig ist die Kenntnis der sogenannten nichtenergieliefernden Nährstoffe, also der Vitamine, Mineralien, Spurenelemente und einer Reihe weiterer Substanzen, etwa der Flavonoide (→ Flavone, Flavonoide) und → Karotinoide.

Eine mittlere Portion Pommes frites mit einem Klacks Mayonnaise beispielsweise schlägt ohne weiteres mit sechshundert Kalorien zu B(a)uche. Dagegen weist zum Beispiel ein großer Salatteller mit zweihundert bis zweihundertzwanzig nur ein Drittel auf – vorausgesetzt, die Salatsauce ist nicht zu üppig. Untersucht man die beiden Mahlzeiten noch hinsichtlich der Nährstoffdichte (diese Kennzahl drückt das Verhältnis von Nährstoffgehalt und Brennwert, also Kalorienwert, aus), wird der Unterschied noch deutlicher: Die hitzebehandelten, mehr oder weniger mit Fett vollgesogenen Kartoffeln liefern uns viel weniger Vitalstoffe als ein frischer Salat, aber ein deutliches Mehr an Energie. Nun wird vielleicht der Einwand erhoben, daß ein Salatteller keine »richtige« Mahlzeit sei. Bei dieser Ernährungsumstellung, die bekanntlich schwerfallen kann, bietet nun die Akupressur die entscheidende Hilfe.

Es ist an der Zeit, mit Vorurteilen und überholten Vorstellungen aufzuräumen: Abnehmen hat nicht das geringste mit übertriebener Selbstkasteiung, Hunger und Leiden zu tun. Das Essen zu genießen wie ein Feinschmecker gehört ebenfalls zum bewußten Essen. Versuchen Sie, den Geschmack der Speisen bei jedem Bissen intensiv auszukosten – auf diese Weise werden Sie automatisch wählerisch und geben sich nur mit bester Qualität zufrieden.

Während der vergangenen Jahrzehnte lieferte uns die Wissenschaft eine Fülle wichtiger Erkenntnisse für eine gesunde und bekömmliche Ernährung – wir müssen sie nur anwenden. Diese Ergebnisse aus Forschung und Wissenschaft, aber auch Altbewährtes, seit langem Bekanntes, werden im folgenden vorgestellt.

Die Bedeutung einer ausgewogenen Ernährung

Eine ausreichende Zufuhr an Nährstoffen ist für ein aktives Leben unerläßlich. Was in der Theorie, im Diätplan sehr einfach aussieht – welche Nahrungsmittel man in welchen Mengen zu sich nehmen soll –, kann im Alltag mit seinen kleinen Fallstricken schwierig durchzuhalten sein und die guten Vorsätze zum Scheitern bringen. Gerade hier vermag die Akupressur helfend einzugreifen. Sie ermöglicht es Ihnen, Ihre Nahrungsaufnahme zu steuern und unter Kontrolle zu bringen.

Wenn Sie also die Nahrungszufuhr einschränken, sollten Sie Ihre Aufmerksamkeit auf eine möglichst ausgewogene, nährstoffreiche und faserstoffreiche Ernährung richten. Achten Sie auf Abwechslung, einseitige Kost gefährdet Ihre Gesundheit und Leistungsfähigkeit – und wir müssen alle, in Beruf und Familie, täglich die Erwartungen der Umwelt erfüllen. Proteinmangel beispielsweise kann zu verringerter Muskelbildung, zu Müdigkeit und reduzierter geistiger Leistungsfähigkeit sowie zu ungenügender und gestörter Bildung lebensnotwendiger Stoffe führen. Eine mangelhafte Zufuhr von Kohlenhydraten beeinträchtigt die Energieversorgung der Gehirnzellen und der Nervenzellen. Werden dem Organismus über längere Zeit nur ungenügende Mengen essentieller Fettsäuren (→ Fette), Vitamine, Mineralien und Spurenelemente angeboten, ist ebenfalls mit Gesundheitsschäden und Mangelkrankheiten zu rechnen. Jede über längere Zeit vorgenommene, einseitige Diät ist daher ungeeignet und der Gesundheit abträglich. Das gleiche trifft auf die »Blitzdiäten« zu. Sie können zwar zu schnellem Gewichtsverlust führen, doch kam er oft zu einem großen Teil durch Wasserverlust zustande. Kehrt man zur »normalen« Ernährung zurück, wird der Gewichtsverlust schnell wieder aufgeholt. Neuere Untersuchungen weisen darauf hin, daß dieses ständige Auf und Ab, dieser → Jo-Jo-Effekt, ebenso schädlich ist wie das Übergewicht selbst.

Zitiert sei an dieser Stelle die treffende Aussage des bekannten Ernährungsexperten VOLKER PUDEL (im Rahmen eines Fernsehinterviews), eines überzeugten Gegners von »Blitzdiäten« und »Crashdiäten«: »Gerade wenn ich zunehmen möchte, würde ich die schlimmste aller Abmagerungsdiäten wählen, nämlich die Ahornsirup- und Zitronensaftkur! Das ist wirklich etwas vom Übelsten, was man seinem Körper zumuten kann.«

Der Ernährungsexperte empfiehlt eine vitalstoffreiche und abwechslungsreiche Ernährung. Salate und Gemüse darf man in größeren Mengen essen, dazu – wohldosiert – Vollkornprodukte und Milchprodukte sowie mageres Fleisch.

Wie schnell soll man abnehmen?

Achtet man auf eine möglichst ausgewogene Energiezufuhr, ist bei der Akupressur vielleicht nicht gerade mit dem eben besprochenen spektakulären Anfangserfolg – oder besser Scheinerfolg – einer einseitigen Diät zu rechnen. Dafür hat das bewußte Essen in Kombination mit der Akupressur eine nachhaltige Wirkung.

Genaue Angaben darüber, in welcher Zeitspanne ein bestimmtes Gewicht zu erreichen ist, sind nicht möglich. Anfangs sind ein bis vier Pfund pro Woche erstrebenswert. Es bestehen keine festen Regeln. Auch wenn eine stetige Gewichtsabnahme angestrebt wird, können auf Fortschritte → Stagnationsphasen folgen. Geben Sie den inneren Organen und dem Bewegungsapparat Zeit, sich ohne Schaden auf die neuen Verhältnisse einzustellen. Die lästigen Pfunde hat man sich in der Regel auch während Monaten oder gar Jahren zugelegt. Nicht zu unterschätzen sind mögliche psychische Barrieren oder das sogenannte → »Innere Gewicht«.

Essen ohne Streß – Leben ohne Zwang

Stellen Sie am ersten Tag der Akupressur nur nicht Ihre ganze bisherige Ernährung um, sondern versuchen Sie, in kleinen Schritten weiterzukommen! Beobachten Sie die Wirkung der Akupressur und Ihren Körper, und stimmen Sie Ihre Ernährung und Ernährungsgewohnheiten darauf ab. Falls Sie Mühe haben, Ernährungsverhalten, das vielleicht seit Jahren fest zu Ihrem Tagesablauf gehört, sofort aufzugeben – vielleicht vermißten Sie bisher bei einer Diät den Nachtisch oder den nachmittäglichen Kaffee mit Kuchen –, setzen Sie es noch ein paar Tage fort. Mit Ihren neugewonnenen Kenntnissen über die bewußte Ernährung überlegen Sie sich aber sicherlich bald, ob Sie es zum Nachtisch einmal mit einer Frucht versuchen wollen. Oder vielleicht ist das Bier zum Essen für Sie ein absolutes Muß. Versuchen Sie zunächst, mit einem Bier täglich auszukommen.

Als oberstes Gebot gilt also: Zwingen Sie sich nichts auf! Gerade Verbote sind verboten – denn sie können kontraproduktiv wirken. Der erwähnte Ernährungspsychologe Volker Pudel hat ein einleuchtendes Beispiel dafür: Wenn Sie sich auferlegen, daß Sie eine Woche keine Schokolade essen dürfen, denken Sie möglicherweise den ganzen Tag daran, und der Gedanke an Schokolade kann zur Zwangsvorstellung werden. Sagen Sie sich aber, daß Sie pro Woche eine Tafel Schokolade essen dürfen – jeden Tag einen Riegel –, schaffen Sie psychologisch viel günstigere Voraussetzungen. Mit zunehmender Routine und wachsendem Vertrauen zur Akupressur schränken Sie nicht nur die Nahrungsmittelmenge ein, sondern Sie stellen die Ernährung im Rahmen des bewußten Essens allmählich um.

Nicht nur die äußeren, gut sichtbaren Zeichen Ihres Erfolges – die Gewichtsabnahme – fallen Ihnen auf, sondern auch die inneren: Der Magen verfügt bekanntlich über eine sehr anpassungsfähige Muskelschicht, die verschiedene Aufgaben erfüllt (→ Magen). Falls Sie bisher ein »Vielesser« waren, wird der Magen sich bald auf neue Verhältnisse einstellen und seine Signale – etwa den angenehmen Druck –, die zusammen mit vielen anderen Reizen in das Gefühl der Sättigung münden, bei wesentlich kleineren Portionen aussenden.

Die Vorteile einer vitalstoffreichen und faserstoffreichen Kost

Pioniere auf dem Gebiet der modernen Ernährungslehre, wie MAXIMILIAN BIRCHER-BENNER und WERNER KOLLATH, haben aufgrund klinischer Beobachtungen immer wieder darauf hingewiesen: Eine gesunde Ernährung sollte einen möglichst hohen Anteil an rohen, unverarbeiteten Nahrungsmitteln – Salaten, Obst, Gemüse – aufweisen, um Zubereitungsverluste zu vermeiden. Bei frischen, unveränderten Nahrungsmitteln darf man davon ausgehen, daß die zum Teil hitzeempfindlichen und sauerstoffempfindlichen → Vitamine, → Mineralien und Spurenelemente weitgehend erhalten bleiben.

Die → Faserstoffe (Ballaststoffe) üben eine wichtige Funktion aus: Faserstoffreiche Kost, wie Karotten oder Äpfel, muß man gründlich kauen und einspeicheln. Gemüse und Obst liefern zudem verhältnismäßig wenig Kalorien, füllen aber den Magen und sättigen daher schnell. Faserstoffe haben die Fähigkeit, viel Wasser aufzunehmen, das

Volumen der Speisen dadurch zu erhöhen und den Verdauungstrakt auf diese Weise zu vermehrter Tätigkeit anzuregen. Ebenso wird die Durchlaufzeit des Speisebreis im Verdauungstrakt erheblich beschleunigt – was jenen willkommen ist, die zu Verstopfung neigen.

Die moderne Forschung hat manche Erkenntnisse der Lehren Bircher-Benners und Kollaths bestätigt. Beim Gemüse zum Beispiel werden einige wertvolle Vitamine, etwa das Vitamin C, und eine Reihe weiterer Substanzen durch Erhitzen oder Berührung mit Luftsauerstoff schnell abgebaut. Das → Vollkornmehl liefert ein weiteres Beispiel: Zu seiner Herstellung wird das ganze Getreidekorn, einschließlich der Randschichten, gemahlen. Die äußeren Schichten und der Keim (als Kleie lange Zeit gerade für Viehfutter gut genug) sind besonders gehaltvoll.

Einige Ernährungstips – kurz zusammengefaßt

Komplizierte Ernährungsvorschriften werden kaum längere Zeit eingehalten. Beachten Sie deshalb die folgenden einfachen Regeln und wenden Sie sie ständig an.

Rohes Gemüse, Salate und Obst zur rechten Zeit
Beginnen Sie Ihre Mahlzeiten vorzugsweise mit rohem Gemüse, Salaten oder Obst. So führen Sie Ihrem Körper die wichtigsten Vitalstoffe im richtigen Moment zu, denn der Verdauungsapparat ist zu diesem Zeitpunkt besonders aufnahmefähig dafür. Der hohe Anteil an Faserstoffen in Gemüse und Obst wirkt auf natürliche Weise als Magenfüller und »Bremse«. Immer langsam kauen und gut einspeicheln! Legen Sie anschließend eine kleine Pause ein, und entscheiden Sie dann, was Sie noch zu sich nehmen wollen.

Personen mit empfindlichem Magen sollten sich mit der Umstellung Zeit lassen und mit kleinen Portionen beginnen. Für Berufstätige und Vielbeschäftigte sind glücklicherweise in den meisten Restaurants und Betriebsverpflegungsstätten Salatteller, Gemüseplatten und Rohkostplatten täglich frisch erhältlich. Zudem erhöhen Supermärkte ihr Angebot an geschnittenem Gemüse in praktischen Portionen ständig. (Zerkleinerte Lebensmittel bieten dem Luftsauerstoff allerdings eine größere Angriffsfläche als Produkte, die durch ihre Schale oder Haut geschützt sind.) In Einkaufszentren bieten Vitamin-Bars appetitliche und gesunde Alternativen zum »automatischen« Schnellimbiß. Wenn Sie etwas Zeit erübrigen können, lohnt es sich natürlich, Salate, etwa Karottensalat, Selleriesalat, Tomatensalat oder Peperonisalat, frisch zuzubereiten.

Salz und Zucker
Mit Salz (→ Kochsalz) und → Zucker sollten Sie sehr vorsichtig umgehen. Falls Sie am Anfang der Selbstbehandlung mit Akupressur aber ab und zu Lust auf Naschwerk haben, geben Sie der Laune am besten nach. Den Zuckerbedarf deckt man vorzugsweise mit → Obst, auch tropischen Früchten und Beeren, Honig und Birnendicksaft.

Versteckte Fette
Achten Sie auf die berüchtigten »versteckten« Fette in Saucen, Süßspeisen und Wurstwaren. Wer denkt schon beim Verzehr von ein paar Salamischeiben an 530 Kalorien je hundert Gramm?

Genügend Flüssigkeit
Trinken Sie viel, anderthalb bis zwei Liter täglich, vorzugsweise → Mineralwasser mit niedrigem Natriumgehalt. Kräutertees, darunter solche mit entschlackender Wirkung, sind ebenfalls geeignet, den hohen Flüssigkeitsbedarf zu

decken. Den Alkoholkonsum sollten Sie einschränken beziehungsweise auf ihn völlig verzichten.

Langsam essen
Langsames Essen und gründliches Kauen sind wesentlich, denn der komplexe Vorgang der Sättigung stellt sich erst nach etwa fünfzehn bis zwanzig Minuten ein. Die Magenmuskulatur ist äußerst anpassungsfähig – nutzen Sie die besonderen Fähigkeiten dieses Organs. Es stellt sich auf die Nahrungsmenge ein, die Ihnen vor ein paar Tagen keinesfalls gereicht hätte, und meldet nun bei kleineren Portionen schon Sättigung. Wirksam unterstützt werden Sie dabei von der Akupressur.

Die richtige Einstellung zum Essen
Essen Sie beispielsweise zu Mittag nach Ihrem Salatteller oder Gemüseteller ein weiteres Gericht, so verzehren Sie es mit Genuß und ohne ständig daran zu denken, daß Sie wieder zunehmen könnten. Ebenso beinhaltet die richtige Einstellung zum Essen den Gedanken, daß Sie Ihren Körper trotz der eingeschränkten Nahrungsmittelzufuhr optimal mit Vitalstoffen versorgen müssen. Außerdem können Sie für Vorräte sorgen. Dieser psychologische Trick vermag gerade während der ersten Tage hilfreich zu sein. Natürlich meine ich nicht das übliche Naschwerk, sondern Gemüse – auch tiefgekühlt – und Obst.

Freude am Essen – Werden Sie ein Gourmet!
Sie sollen weiterhin Freude an den Speisen haben, denn dies gehört ebenfalls zum bewußten Essen. Achten Sie am Familientisch darauf, daß die Mahlzeiten in einer entspannten und gepflegten Atmosphäre eingenommen werden. Ein anregendes Gespräch in angenehmer Gesellschaft wertet eine Mahlzeit auf, sie kann zum Erlebnis werden.

Besonders wichtig: Abwechslung
Versuchen Sie, den Speiseplan möglichst abwechslungsreich zu gestalten. Sie haben immer – auch am Anfang Ihrer Selbstbehandlung – die Möglichkeit, eine Mahlzeit mit der gewohnten Zusammensetzung einzuschieben, beispielsweise an einem Sonntag oder bei einem Festessen. Mit Hilfe der Akupressur werden Sie es bei einer vernünftigen Portion bewenden lassen.

Wenn Sie häufig auf Reisen sind oder ständig berufliche und gesellschaftliche Verpflichtungen haben (Einladungen zum Essen oder zu Partys), können Sie den Ernährungsregeln natürlich nicht immer wie von Ihnen gewünscht nachkommen. Die Akupressur erlaubt Ihnen dennoch ein Maximum an Flexibilität.

So kombinieren Sie die Akupressur mit der bewußten Ernährung

An einem gewöhnlichen Tag mit Akupressur können Sie die Mahlzeiten zum Beispiel wie folgt gestalten:

Frühstück
Wählen Sie Kaffee oder Tee, Müsli oder etwas Vollkornbrot. Besonders zu empfehlen sind Äpfel und Birnen, aber auch tropische Früchte, wie Banane, Kiwi, Papaya und Mango. Ab und zu, etwa am Sonntag, können Sie sich ohne nagende Gewissensbisse das gewohnte Frühstück (auch mit Käse, Eiern und magerem Schinken) gönnen. Auf fette Wurstwaren verzichten Sie aber am besten für eine Weile.

Trinken Sie während des Tages viel Mineralwasser oder ungesüßten Tee (wobei Mineralwasser die weitaus bessere Alternative darstellt), um der Forderung nach reichlich Flüssigkeit nachzukommen.

Mittagsmahlzeit

Meldet sich großer Appetit, können Sie etwa eine Stunde vor der Mittagsmahlzeit mit der Akupressur beginnen, damit Sie das Sättigungszentrum um den Magen bereits etwas beruhigen.

Sie essen zuerst rohes Gemüse und Obst, möglichst frisch, ganz oder als Salat. Legen Sie hierauf eine kleine Pause ein. Falls Sie noch einen Wunsch haben, fahren Sie mit einem kalorienreduzierten, fettarmen Gericht fort. Achten Sie auf Abwechslung: Mageres Fleisch, Fisch, Krustentiere und Geflügel bieten sich an. Dazu passen kalorienarme Beilagen, wie Gemüse (gedämpft, gekocht, überbacken), ab und zu auch kleine Portionen Reis, Teigwaren oder Kartoffeln. Vollkornteigwaren und Vollreis sind besonders zu empfehlen. Saucengerichte, deren Zusammensetzung Sie nicht kennen, meiden Sie am besten. Bevorzugtes Getränk ist Mineralwasser, es darf aber auch einmal ein Leichtbier oder ein ähnlich leichtes Getränk sein.

Am Abend

Wenn Sie am späteren Nachmittag die Akupressur intensivieren, werden Sie an manchen Abenden keinen Hunger oder keinen Appetit verspüren. Sie können es also ab und zu bei einem Getränk, am besten wiederum natriumarmes Mineralwasser, bewenden lassen – rohe Salate, Gemüse und Obst dürfen Sie natürlich jederzeit essen.

Sind Sie berufstätig oder wollen Sie die Hauptmahlzeit aus anderen Gründen auf den Abend verlegen, dann sollten Sie schon vormittags mit der Akupressur beginnen. Mittags empfiehlt sich trotzdem etwas Obst oder Salat, damit Sie am Nachmittag keinen »Durchhänger« erleiden. Mit Kaffee sollten Sie in diesem Fall besonders vorsichtig sein. Um → alkoholische Getränke machen Sie am besten einen ganz großen Bogen.

Essen im Urlaub, auf Reisen, bei Festlichkeiten

Von der Küche des bevorzugten Reiselands oder Urlaubslands geht oft eine besondere Faszination aus. Ein Urlaub, ohne die Landesspezialitäten zu probieren, die eben nur im Ursprungsland den echten Geschmack haben, würde das Ferienerlebnis empfindlich einschränken. Ohne weiteres können Sie also während Ihrer Ferien ein paar Tage auf die Eigenbehandlung verzichten. Sie werden sehen, daß die Akupressur auch nach einer Unterbrechung sofort wieder wirkt. Selbst wenn Sie früher Riesenportionen zu sich nahmen, besteht kaum eine Gefahr, daß Sie während ein paar Ferientagen zu großen Mengen zurückkehren. Bei festlichen Anlässen und Feiern führen Sie schon ein paar Stunden vorher gezielt Akupressur aus – Ihre »Geheimwaffe« läßt den dosierten Genuß zu.

Über einen gelegentlichen »Ausrutscher«, beispielsweise bei einem Festessen, sollten Sie keinesfalls übertrieben besorgt sein. Ein nach allen Regeln der Kunst zubereitetes Gericht (möglicherweise hat man lange Zeit darauf verzichtet) läßt man nicht einfach stehen. Es empfiehlt sich, besonders bewußt und langsam zu essen. Denken Sie immer daran, daß bei Übergewicht langfristige Änderungen im Eßverhalten Erfolg bringen.

Was sollten wir essen?

Die nachfolgende Übersicht gibt Ihnen eine Orientierungshilfe, die Ihnen auf einen Blick zeigt, welche Nahrungsmittel Sie problemlos genießen können beziehungsweise nur in kleinen Mengen verzehren sollten.

Produkt	Bevorzugen	Ab und zu	Selten/nur in kleinen Mengen
Milch, Milchprodukte	Magermilch, Joghurt natur	Joghurt (light), Eiscreme (light), Halbfettkäse, Vollfettkäse	Schlagrahm, Doppelrahmkäse
Fleisch, Fisch	mageres Fleisch, Fisch, Geflügel gekocht	gebratenes Fleisch, Hackfleisch, Eier, Wurstwaren (light), Eier	fettes Fleisch, fette Wurst, paniertes Fleisch, Speck
Obst, Gemüse	Obst und Gemüse, besonders im rohen Zustand	Dörrfrüchte, Kompotte (leicht), Nüsse, Konfitüre (light)	Konfitüren, kandierte Früchte
Kartoffeln	Pellkartoffeln	Kartoffelsalat, Salzkartoffeln	Bratkartoffeln, Pommes frites, Chips
Brot	Vollkornbrot	Weißbrot	Butterhörnchen, »Kipferln« oder »Gipfeli«
Getreide, Getreideprodukte	Vollreis, Getreideflocken, Frischkornmüsli, Vollkornteigwaren, Tofu	Teigwaren, polierter Reis	gezuckertes Müsli
Fette, Öle	Sonnenblumenöl, Maiskeimöl, Rapsöl, Distelöl, Nußöl und andere	Butter, Margarine	Schweinefett
Süßigkeiten		leichte Desserts	Schokolade, Kuchen, Desserts

Produkt	Bevorzugen	Ab und zu	Selten/nur in kleinen Mengen
Zutaten	Küchenkräuter, Gewürze, Meersalz	Kochsalz	fetthaltige Saucen, Mayonnaise, holländische Sauce und andere
Getränke	Wasser, Mineralwasser, Tee (ungesüßt)	Bier (light), kalorienreduzierte Getränke	zuckerhaltige Getränke (Limonade), Cola, alkoholische Getränke

IV
Wissenswertes über Akupressur, Ernährung und Übergewicht von A bis Z

A

Abendbrot/Abendessen
Um den Organismus am Abend möglichst wenig zu belasten, wäre es besser, nur wenig zu essen. Daß der Körper nach zwanzig Uhr eher dazu neigt, Vorräte anzulegen, also die Fettzellen aufzufüllen, ist allgemein bekannt. Trotzdem kann es manchmal sinnvoll sein, die Hauptmahlzeit auf den Abend zu verlegen. Dies ist besonders dann der Fall, wenn Sie berufstätig sind und außer Haus zu Mittag essen. Essen und Trinken sind teilweise emotional gesteuerte Verhaltensweisen, und die wichtige soziale Funktion des gemeinsamen Mahles ist nicht zu unterschätzen. In vielen modernen Familien ist das Abendbrot wochentags oft die einzige gemeinsam verbrachte Zeit. Mit der Familie oder ab und zu mit Freunden in ruhiger Atmosphäre entspannt und genießerisch, aber trotzdem maßvoll und kontrolliert zu essen, dabei hilft die Akupressur. Vor allem, wenn man seinem Wunschgewicht schon sehr nahe ist, möchte man ja nicht wieder zunehmen.

Abmagerungsdiät
→ Schlankheitsdiät.

Adipositas
(Fettsucht) → Gewichtsprobleme.

Adipozyten
→ Fettzellen.

Adressen
Deutschland
Deutsche Akademie für Akupunktur
Feinhalsstraße 8
D-81247 München
Tel. 089/814 52 52

Österreich
Österreichische Ärztekammer
Weihburggasse 10/12
A-1010 Wien

Schweiz
Institut für medizinische Fortbildung IMF
Postfach 566
CH-8134 Adliswil

Bei diesen Instituten ist auf schriftliche Anfrage eine Ärzteliste für Ihre Region erhältlich. (Bitte legen Sie einen mit Ihrer Anschrift und einer Briefmarke versehenen Briefumschlag bei.)

Akupressur
Die Akupressur kann Ihnen nicht nur bei Gewichtsproblemen dienlich sein, sondern bei vielen Beschwerden, Schmerzen und Leiden. Auf einigen Gebieten ist sie geradezu unschlagbar, weil Sie die entsprechenden Akupunkte bei den ersten Anzeichen einer Krankheit oder Unpäßlichkeit sofort aktivieren können – beispielsweise beim Niesen, wenn Erkältung und Schnupfen drohen, sowie bei beginnenden Halsschmerzen. Bei grippalem Infekt, körperlicher und geistiger Müdigkeit, Herzrhythmusstörungen, Migräne

und vielen weiteren Krankheiten und Beschwerden kann eine Eigenbehandlung mit Akupressur Abhilfe schaffen.

Algen
→ Seetang.

Alkaloide
Alkaloide sind vorwiegend pflanzliche Stoffe (stickstoffhaltige Verbindungen) und für die Pharmakologie und die → Phytotherapie von großer Bedeutung. Man schätzt ihre Zahl auf mehrere tausend. Teilweise handelt es sich bei Alkaloiden um tödliche oder Süchte auslösende Gifte, einige Alkaloide finden als Aromastoffe oder als Genußmittel Verwendung.

Alkaloide sind Abfallprodukte (Endprodukte vor allem des Pflanzenstoffwechsels), die auch als »Fraßschutz« interpretiert werden (manche Pflanzen schützen sich mit giftigen Stoffen vor dem Verzehr durch Pflanzenfresser). Die meisten Alkaloide sind Exkrete und in abgeschlossenen Zellkammern eingekapselt. Bei manchen Pflanzen ist die Rolle der Alkaloide noch unklar.

Eines der bekanntesten und meistverwendeten Alkaloide ist das *Koffein*, das in höheren Dosen (mehr als zehn Gramm) tödlich wirkt. Vom menschlichen Organismus durch → Kaffeegenuß in geringen Mengen aufgenommen, wirkt es momentan stimulierend, regt die Herztätigkeit an und ist verdauungsfördernd.

Nikotin führt in Dosen ab etwa 0,04 Gramm ebenfalls zum Tod. In geringen Mengen regt es an.

Chinin, aus dem Chinarindenbaum gewonnen, ist ein wirksames Anti-Malaria-Mittel.

Zu den bekannten Alkaloiden zählen weiterhin die Schmerzmittel und Suchtmittel *Morphin* und *Papaverin* (im Opium enthalten und aus dem getrockneten Milchsaft der unreifen Kapselfrüchte des Schlafmohns oder im Fall des Papaverins auch synthetisch gewonnen).

Wie erwähnt, finden eine Reihe weiterer Alkaloide in der Pharmakologie Verwendung.

Alkoholische Getränke

Generell gilt: Alkohol bedeutet »leere Kalorien« (beziehungsweise Joule), er weist keinen nennenswerten Anteil an wertvollen Stoffen auf. Besonders Liköre und Schnäpse muß man als wahre »Kalorienbomben« (mit etwa 330 Kalorien pro hundert Gramm) bezeichnen. Mit Hilfe von Enzymen wird der größte Teil des Alkohols in der Leber über Acetaldehyd zu Kohlendioxid und Wasser umgewandelt (→ Leber). Der Alkoholabbau im Organismus ist mit einem Mehrverbrauch an Vitaminen, Mineralien und Spurenelementen verbunden. Dauernder Alkoholmißbrauch (begleitet von einer Fehlernährung) hat neben der Leberschrumpfung (Leberzirrhose) längerfristig schwerwiegende Mangelerscheinungen zur Folge.

Der lange gehegte Verdacht, daß die Prozesse um den Alkoholabbau im Körper sich besonders negativ auf den Stoffwechsel und den Fetthaushalt der Übergewichtigen auswirken, hat sich bestätigt, denn Alkoholkonsum kann den Cholesterinabbau in der Leber empfindlich stören. Eine wissenschaftliche Untersuchung des Mediziners PAOLO M. SUTER beweist, daß die Fettverbrennung im Organismus nach Alkoholgenuß für eine Weile eingeschränkt ist, und zwar um rund ein Drittel – der Konsum alkoholischer Getränke fördert die Bildung von Depotfett.

Wer auf alkoholische Getränke verzichtet, nimmt also schneller ab. Falls Sie täglich in größeren Mengen Alkohol trinken, sollten Sie versuchen, den Konsum langsam, aber stetig zu verringern. Wenden Sie folgenden einfachen Trick an: Löschen Sie den Durst mit viel Mineralwasser, und gönnen Sie sich anschließend ein kalorienreduziertes Bier (das Etikett trägt oft den Zusatz »light«, das heißt »leicht«). Probieren Sie die verschiedenen Marken aus, Sie finden bestimmt eine, die Ihnen zusagt. Einige Diätbiere sind kaum vom üblichen Lagerbier zu unterscheiden. Natürlich ist gegen ein gelegentliches Glas Wein zum Mahl im Rahmen des bewußten Essens nichts einzuwenden – Feinschmecker auf der ganzen Welt sind sich einig, daß zu einem guten Essen ein Glas Wein gehört. Auf »harte Sachen«, wie Schnäpse und Liköre, sollten Sie besser ganz verzichten. Falls der Alkoholkonsum für Sie ein Problem darstellt, bearbeiten Sie täglich mehrmals die als »Suchtpunkte« bezeichneten Akupunkte (siehe Kapitel II). WOLF C. EBNER gibt eine Reihe von Akupunkten gegen Trunksucht an. Bei starker Alkoholabhängigkeit ist vor der Eigenbehandlung vielleicht ein Gang zum Akupunktur-Spezialisten empfehlenswert (→ Adressen).

Für alle Suchtgefährdeten sei hervorgehoben: In China werden Süchtige – auch schwere Fälle von Rauschgiftsucht – seit Jahrhunderten mit pflanzlichen Medikamenten (→ Phytotherapie) und Akupunktur/Akupressur gleichzeitig behandelt.

Alternative Medizin
Der Ausdruck »alternativ« ist zu einem abgegriffenen Modewort für alles mögliche geworden. Um die von der Schulmedizin nicht gelehrten Heilmethoden zu charakterisieren, hat er sich ebenfalls eingeschlichen. Bedeutende Richtungen, die breite Anerkennung finden, seien kurz aufgezählt: Akupunktur, Akupressur, bestimmte Heilpflanzentherapien (→ Phytotherapie) und Heilmassage. Daneben besteht eine Vielzahl von Verfahren, die kontrovers beurteilt werden, unnütz oder sogar gefährlich sind.

Der Fortschritt der Medizin ist unbestritten. Sie konnte

zahlreiche Infektionskrankheiten tilgen oder eindämmen. In einigen Bereichen, etwa der Chirurgie und der Prävention, erzielt sie mit dem Einsatz modernster Geräte eindrucksvolle Resultate.

Immer mehr Kritiker weisen allerdings auf die Risiken dauernder Medikamenteneinnahme hin. Dennoch hat die moderne Medizin bei vielen chronischen Krankheiten oft nur eine Dauerbehandlung mit Medikamenten anzubieten. Das Interesse an der Alternativmedizin mit ihren sanften und naturgemäßen Anwendungsformen wächst bei Ärzten und Hilfesuchenden daher ständig.

Akupunktur, Akupressur, Heilmassage und Heilpflanzentherapien befinden sich auf dem Weg zur weltweiten Anerkennung, und in einigen Ländern bezahlen Krankenkassen ihren Mitgliedern bereits diesbezügliche Leistungen ausgewiesener Spezialisten. Der lange Kampf um die Anerkennung der alternativen Medizin hat sich also gelohnt, und die Meinung, daß Schulmedizin und Alternativmedizin einander sinnvoll ergänzen sollten, beginnt sich zu verbreiten.

Manche Ärztekongresse (zum Beispiel der »4. Internationale Kongreß für Ganzheitsmedizin« vom 24. bis 28. April 1991 in Luzern, Schweiz) erheben klassische Akupunktur, Elektro-Akupunktur, Laser-Akupunktur und → Phytotherapie zu Hauptthemen. Die WHO, die Weltgesundheitsorganisation, erkennt Akupunktur und Akupressur offiziell als Heilmethode an.

Aminosäuren

Aminosäuren sind die Bausteine der Eiweiße, der → Proteine. Zum Aufbau der menschlichen Eiweißstoffe benötigt der Organismus um zwanzig Aminosäuren in einem bestimmten Verhältnis. Davon sind einige essentiell – lebensnotwendig – und müssen mit der Nahrung aufgenommen werden. In der Chemie werden die Aminosäuren als »organische Säuren« bezeichnet, bei denen ein Wasserstoffatom durch eine Aminogruppe (NH₂) ersetzt ist.

Apfel
→ Obst.

Appetit
→ Gewichtsprobleme.

Appetitzügler, »Anti-Eß-Pillen«
Eine Wunderpille ohne Nebenwirkungen und essen zu können, was das Herz begehrt, ohne dick zu werden – dies ist bis heute ein Wunschtraum.

Die bis jetzt entwickelten Anti-Eß-Pillen mit lipasehemmenden Substanzen (»Lipasen« nennt man Enzyme, die Fette spalten, → Lipase) sind nach Meinung namhafter Experten geradezu gefährlich, weil sie in schwerwiegender Weise in den menschlichen Fettstoffwechsel eingreifen, vom Langzeitrisiko ganz zu schweigen.

Teils rezeptpflichtig, teils verboten sind die sogenannten Appetitzügler. Sie enthalten Schilddrüsenhormone, Amphetamine (wegen möglicher Suchtwirkung den »Rauschmitteln« zugeordnet) oder harntreibende Stoffe. Ärzte warnen immer wieder vor den gefährlichen Nebenwirkungen: Schlaflosigkeit, Nervosität, neuropsychische Störungen und *Angina pectoris*. Zudem besteht Suchtgefahr. Die Akupressur dagegen bietet an, Übergewicht auf sanfte, natürliche Art und ohne schädliche Nebenwirkungen unter Kontrolle zu bekommen.

Asiatische Küche
Asiatische Gerichte, etwa aus China, Indonesien, Indien oder Japan, haben sich die Gourmetherzen der Amerikaner und Europäer im Sturm erobert. Manchmal nimmt man es

mit der originalgetreuen Herstellung der exotischen Gerichte bei uns nicht so genau, etwa weil sie in der ursprünglichen Form für uns ungenießbar wären oder weil die Zutaten unerschwinglich oder nicht erhältlich sind. Zudem kommt es manchmal zu amüsanten Verwechslungen und falschen Bezeichnungen, die sich weltweit eingebürgert haben. Wer kennt beispielsweise das indische Gewürz »Curry« nicht? Curry, südindisch »Kari« ausgesprochen, bedeutet ganz einfach »Sauce«. Die grüngelbliche Gewürzmischung, in Indien »Masala« genannt, wird je nach Region in vielen Variationen zusammengestellt und schmeckt meist ganz anders als die dem westlichen Gaumen angepaßten Mischungen. Bezeichnungen wie »indische Küche« oder »chinesische Küche« sind ohnedies ungenau – im Norden Indiens kocht man mit anderen Zutaten und Techniken als im rund zweitausend Kilometer entfernten Südzipfel. Ähnliches gilt für China.

Was zieht uns Europäer an der sich aus einer Vielzahl von regionalen Küchen zusammensetzenden asiatischen Küche so an – was bringt sie uns außer dem erhofften Gaumenkitzel? Aus asiatischer Sicht, ganz ausgeprägt aus indischer und japanischer, ist Nahrung traditionell gleichzeitig Medizin. Wer schon einheimisches indisches Essen genossen hat, wird beipflichten: Die scharfen Gewürze der → Heilnahrung befreien den Organismus von Giftstoffen und tonisieren ihn nachhaltig. Häufig stellt sich ein ausgesprochenes Wohlbefinden ein, das mehrere Tage anhält. Erwähnenswert ist außerdem, daß in manchen regionalen indischen Küchen unter dem Einfluß der Religion vegetarische Gerichte und → Obst eine zentrale Stellung einnehmen.

In der → japanischen Küche werden von alters her mit Vorliebe hochwertige Nahrungsmittel, wie Reis, → Seetang, schonend zubereitetes Gemüse, Fisch und das Sojaprodukt → Tofu, verwendet.

Asparagin

Asparagin ist eine → Aminosäure, also ein Eiweiß-Bestandteil. Der Name weist bereits darauf hin, daß besonders Spargel (→ Gemüse) und verschiedene Gemüsekeimlinge viel Asparagin enthalten. Durch das → Enzym Asparaginase – es wird gegen spezielle Krebsformen eingesetzt – wird Asparagin in Asparaginsäure (2-Aminobernsteinsäure) überführt, eine der häufigsten Aminosäuren.

Aurikulo-Akupressur, Aurikulo-Akupunktur

»Ohrmuschelbehandlung« würde der deutsche Ausdruck lauten. Einige wichtige Punkte an den Ohrmuscheln wurden erst in den vergangenen Jahren entdeckt. Der Lyoner Arzt P. M. F. NOGIER hat diesen Bereich der Akupunktur entscheidend weiterentwickelt.

Die neuartigen Akupunkte der SDF-AkuMethode, wie sie dieses Buch erstmals vorstellt (siehe Abbildungen 1 a und b, 2 und 3), gehören in diesen Gesamtzusammenhang.

Austern

Besonders in Frankreich sind Austern eine geschätzte Delikatesse. In Binnenländern gelten sie als ein eher ungewöhnliches Nahrungsmittel. Austern, auch »Steinmuscheln« genannt, werden hauptsächlich an der Atlantikküste in großem Umfang gezüchtet. Sie haben einen bemerkenswert hohen Gehalt an Vitaminen und Spurenelementen. Man sollte sie unbedingt probieren – Austern werden roh gegessen, ebenso kann man sie im Ofen überbacken. Einschränkend ist zu erwähnen, daß Personen mit hohen Cholesterinwerten Austern meiden sollten. Außerdem wird gelegentlich der mögliche Schwermetallgehalt der Austern als gesundheitsbedenklich kritisiert (→ auch Fische).

B

Ballaststoffe
→ Faserstoffe.

Beta-Karotin
Dieses Provitamin A kommt in der Karottenwurzel reichlich vor. → Vitamine und → Karotinoide.

Bewußter essen
Wie vollzieht man den Schritt vom bequemen Konsumieren zum bewußten Essen? Die Wissenschaft stellt uns immer umfassendere Angaben über die Zusammensetzung unserer Nahrung zur Verfügung. Bewußt zu essen bedeutet, sich stets über den Energiegehalt unserer Nahrungsmittel zu informieren – und nicht, daß Sie ängstlich Kalorien zählen (→ Kalorientabelle) oder Ihre Portionen gar auf der Waage abmessen sollen.

Dem Anteil der Nahrungsmittel an → Vitaminen, → Mineralstoffen und Spurenelementen sollten Sie größte Aufmerksamkeit schenken. Zudem liefert uns die Wissenschaft die neuesten Daten zu den vielen Wirkstoffen, die wir täglich in kleinsten Mengen benötigen. Besonders in den Forschungsbereichen, die sich mit → Enzymen und → Flavonoiden beschäftigen, ist noch mit einigen aufschlußreichen Ergebnissen zu rechnen.

Die Empfehlungen und Erkenntnisse der modernen Forschung, aber auch das jahrtausendealte Erfahrungswissen der Naturmedizin können wir zu einem guten Teil nutzen, indem wir einfach die Wirkung der verschiedensten Nahrungsmittel auf unseren Körper prüfen. Essen Sie beispielsweise frisch zubereitete Salate, schonend gedämpftes → Gemüse, → Seetang oder → Obst in der richtigen Menge, wird dies eine gewisse Reaktion des Körpers hervorrufen –

etwa ein ausgesprochenes Wohlbefinden, eine nachhaltige Vitalisierung. Auf diese Weise können Sie Erfahrungen sammeln, Ihren Körper und seine speziellen Bedürfnisse besser kennenlernen. Nach einer gewissen Zeit werden Sie ein sicheres Gefühl für die Nahrungsmittel entwickeln, die Ihnen bekommen.

Der nächste Schritt besteht darin – und dessen bedienen die Menschen sich seit Jahrtausenden –, Nahrungsmittel gezielt als → Heilnahrung einzusetzen. In manchen Ländern Asiens (→ asiatische Küche), beispielsweise in Indien, ist die Nahrung traditionell gleichzeitig Medizin – etwas von dieser Philosophie sollten auch wir Europäer uns (wieder) aneignen.

Bewußter zu essen heißt nicht zuletzt, bewußt zu genießen! Nehmen Sie sich Zeit und versuchen Sie, den Geschmack der Speisen auszukosten – werden Sie zum Gourmet.

Bier
→ alkoholische Getränke.

Bircher-Benner, Maximilian Oskar
Der Züricher Arzt (1867–1939) gilt in Europa als Pionier des Gedankens von der Heilnahrung und der Rohkost. Er wurde jahrelang von Kollegen bekämpft und geächtet, erzielte aber bei gewissen Krankheiten aufgrund klinischer Erfahrungen mit Rohkost und Heilnahrung beachtliche Erfolge. Die moderne Forschung bestätigt viele seiner Erkenntnisse, etwa den Wert von rohen Salaten und → Gemüsen. (Vergleiche auch → Rohkost.)

Als Vegetarier (→ Vegetarismus) – er ernährte sich laktovegetabil – war Bircher-Benner ein vehementer Fleischgegner (→ Fleisch), was zu seiner anfänglichen Isolation möglicherweise beitrug. Neben seinen Publikationen sind auch das »Bircher-Müsli« mit Haferflocken und Früchten und die »Bircher-Raffel« zur Zubereitung von Salaten, Gemüsen und Obst bekannt geworden.

Blutfette
→ Triglyceride und → Cholesterin.

Body Mass Index (BMI)
→ Gewichtstabellen.

Broca-Index
→ Gewichtstabellen.

Bulimie
Von der Bulimie oder Eß-Brech-Sucht sind hauptsächlich Mädchen und junge Frauen (selten junge Männer) betroffen, die man in den meisten Fällen als normalgewichtig, aber »latent adipös« bezeichnet.

Konflikte, hervorgerufen durch das Spannungsfeld zwischen Leistungsdruck (Haushalt, Schule, Examen, Beruf, Pubertätsschwierigkeiten und Ablösungsprobleme) und den gesellschaftlich verordneten Schönheitsidealen, werden als mögliche Ursachen dieser Eßstörung betrachtet. Ebenso sollen frühkindliche Erlebnisse und Verhaltensweisen eine gewisse Rolle spielen: Schreit der Säugling und verlangt nach Aufmerksamkeit und Zuwendung, wird er statt dessen gefüttert – ein Ansatz zur Erklärung für das »Essen als Ersatzhandlung«? Außerdem sollen verdeckte Konflikte in der Familie und eine gestörte Mutter-Tochter-Beziehung einen Einfluß ausüben.

Butter
Auf die alte Streitfrage, ob man der Butter oder der Margarine den Vorzug geben solle, wollen wir an dieser Stelle

nicht eingehen. Seit langem liefern beide Interessengruppen einander eine Art Stellungskrieg. Zum Thema selbst sei nur gesagt, daß Sie bei sparsamer Anwendung weder auf Butter (Cholesteringehalt etwa 240 Milligramm pro hundert Gramm) noch auf Margarine (Cholesteringehalt etwa ein Milligramm pro hundert Gramm) verzichten müssen, wenn Sie keine anderslautenden ärztlichen Anweisungen zu befolgen haben.

C

l-Carnitin
l-Carnitin, eine bereits 1905 entdeckte Aminosäure, findet immer mehr Beachtung. Dieser Wirkstoff wird dem Körper über die Nahrung (Fleisch, besonders Schaffleisch und Rindfleisch) zugeführt, der Organismus kann ihn aber auch selbst herstellen.

l-Carnitin-Präparate, in Dragée-Form im Fachhandel angeboten, sollen bei sportlicher Betätigung hauptsächlich die Fettverbrennung erleichtern, die Ausdauer erhöhen, die Herzfrequenz in der Erholungsphase nach der körperlichen Belastung senken, ebenso den Proteinstoffwechsel, die Gehirnfunktionen und die Blutfettwerte günstig beeinflussen. l-Carnitin wird in einigen Ländern als Schlankheitsmittel angepriesen, in anderen wiederum ist diese Bezeichnung untersagt.

Cellulite
→ Thalassotherapie.

Chlorophylle
Als Chlorophylle bezeichnet man jene Pigmente, die den Pflanzen oder ihren Organen (Blättern) die grüngelbliche

Farbe verleihen. Zusammen mit den → Karotinoiden sind sie unter anderem für die Umwandlung der Sonnenenergie in chemische Energie (Photosynthese) verantwortlich. Chlorophylle – man unterscheidet mehrere Gruppen – wirken im menschlichen Organismus auf mannigfache Weise. Besonders zu erwähnen ist der desodorierende Effekt der Chlorophylle bei Körpergeruch. Als Wundheilungsmittel, gegen Hautkrankheiten sowie für die Hautpflege in Kosmetika werden sie ebenfalls eingesetzt.

Cholesterin

Cholesterin – in der Leber produziert oder durch die Nahrung zugeführt – ist ein → Lipid (Fett) und in der »richtigen« Dosis keineswegs schädlich für den Körper. Im Gegenteil, als wichtiger Aufbaustoff für den gesamten Organismus dient er etwa als Baustein für die Zellwände oder als Ausgangsstoff in der Hormonproduktion. Die »richtige« Dosis ist von Mensch zu Mensch aber offenbar sehr verschieden. Man trennt zwischen Cholesterinverbindungen mit hohem Eiweißgehalt, den HDL-Cholesterinen, und den oft als schädlich bezeichneten LDL-Cholesterinen. Letztere weisen einen niedrigen Eiweißgehalt auf. (HDL ist die Abkürzung für »*h*igh *d*ensity *l*ipoproteins«, LDL für »*l*ow *d*ensity *l*ipoproteins«, also Lipoproteine hoher beziehungsweise geringer Dichte.) Die LDL-Fraktion trägt Cholesterin in die Zellen des Körpers, der HDL-Anteil bringt Cholesterin aus den Zellen zum Abbau in die Leber, wobei eine gleichzeitige Belastung mit Alkohol (→ alkoholische Getränke) den Cholesterinabbau hemmen kann. Treten LDL-Cholesterine im Blut auf, können sie der Atherosklerose und Arteriosklerose, dem Bluthochdruck, dem Herzinfarkt und dem Hirnschlag Vorschub leisten. Durch Einlagerungen von Cholesterin und Kalzium können die Wände der Adern sich verdicken und den Blutdurchfluß einschränken. Neben einer unzuträglichen Ernährung (siehe nachstehende Tabelle) zählen Rauchen, Streß, erbliche Einflüsse und Bewegungsmangel als zusätzliche Risikofaktoren.

Als Grenzwert für Cholesterin im Blut gelten zweihundert Milligramm pro Deziliter. Lassen Sie sich im Sinne der Prävention – vorbeugen ist bekanntlich besser als heilen – regelmäßig ärztlich untersuchen.

Die folgende Aufstellung nennt den Cholesteringehalt (in Milligramm pro hundert Gramm) einiger ausgewählter Nahrungsmittel zum Vergleich.

Butter	240	Diätmargarine	1
Mayonnaise	142	Sonnenblumenöl	5
Gouda	114	Harzer Käse	7
Schweinenieren	350	Putenbrust	60
Kalbsbries	250	Rinderfilet	70
Hirn	2500	Lammfleisch	70
Rinderleber	320	Lachs	35
Aal geräuchert	160	Makrele geräuchert	22
Austern	260	Forelle	55
Camembert 30 % Fett i. Tr.	38	Speisequark 20 % Fett i. Tr.	17

D

Dampfkochtopf (Dampfdrucktopf)
Allgemein bekannt ist, daß man mit dem Dampfkochtopf Strom und Zeit sparen kann. Unter Dampfdruck verringert sich die Zubereitungszeit für Gemüse, Fleisch und Obst etwa um zwei Drittel. Für Gemüse, das man in der Regel zuerst blanchiert, reicht für das Dampfgaren auf einem geeigneten Gittereinsatz oder Siebeinsatz ein Bruchteil der üblichen Wassermenge – das Kochgut wird nicht ausgelaugt. Es ist wissenschaftlich erwiesen, daß bestimmte Vitamine eine kurze Erhitzung überstehen, ätherische Öle (besonders

bei Gemüsen), Wirkstoffe und Aromastoffe bleiben ebenfalls besser erhalten. Sie kochen also schneller, schonender und daher gesünder mit dem Dampfkochtopf.

Probieren Sie folgendes *Spargelrezept* für zwei Personen: Man schält 1 kg oder 1 Bund weißen Spargel – und beginnt damit etwa 1 cm unterhalb der Knospe –, wäscht ihn und kürzt die Enden um etwa 2 cm. ½ Liter Wasser und 1 Prise Meersalz (nach Belieben auch etwas Butter und Zucker) in den Dampfkochtopf geben und aufkochen lassen. Spargel hineinlegen – vorheriges Blanchieren ist nicht nötig. Je nach Dicke des Spargels 2 bis 3 Minuten unter Druck garen. (Diese Angaben gelten für zarten und jungen Spargel.) Topf vom Feuer nehmen, Deckel mit kaltem Wasser abschrecken und öffnen (Sicherheitsvorschriften des Herstellers beachten!). Nun kochen Sie den Spargel unter ständiger Kontrolle fertig – je nach Belieben knackig oder etwas weicher. Füllen Sie den Spargel in ein möglichst flaches Serviergeschirr um – eine Gratinform aus Glas eignet sich gut –, und schütten Sie das Spargelwasser dazu, das den Spargel bedecken soll. Nun kommt der entscheidende »Kunstgriff«: Lassen Sie den Spargel im Sud etwas auskühlen.

Inzwischen wenden Sie sich der Sauce zu. Im Rahmen des bewußten Essens können Sie ohne weiteres ab und zu etwas Mayonnaisesauce dazu genießen, die Sie vorzugsweise kurz vorher frisch zubereiten. Probieren Sie zur Abwechslung folgendes Rezept für eine leichte »Sauce à l'orange« (für zwei Personen):

¼ Tasse Mayonnaise oder Mayonnaise light
¼ Tasse Magerquark
  etwas Salz, schwarzer Pfeffer aus der Mühle
  nach Belieben ein paar Tropfen Worcestersauce oder flüssige Würze
  ein paar Tropfen Orangensaft (frisch gepreßt)
  etwas Orangenschale.

Von der (ungespritzten) Orange heben Sie mit dem Gemüseschäler oder mit einem scharfen Messer etwas Orangenschale ab, die Sie in sehr feine Streifen schneiden und anschließend in einer kleinen Pfanne blanchieren. Die Mayonnaise, den Magerquark und die restlichen Zutaten in einer Schüssel vermischen und glattrühren. Die abgekühlten Orangenschalenstreifen beigeben.

Nun schütten Sie das Spargelwasser ab (Sie können es für eine Suppe verwenden) und servieren den Spargel lauwarm, so ist der Geschmack der »Königin der Gemüse« am intensivsten. Frankreichs Gourmets ist diese Servierart unter dem Namen »Asperges tièdes« wohlbekannt.

Der Dampfkochtopf eignet sich ebenfalls gut, um *Pellkartoffeln* schonend zuzubereiten: Etwa 2 dl Wasser in den Dampfkochtopf geben, die gewaschenen Kartoffeln auf den Siebeinsatz legen, mit 1 Prise Meersalz bestreuen, den Deckel schließen und die Kartoffeln je nach Größe 6 bis 10 Minuten garen. (Beim Öffnen des Topfes die Sicherheitsvorschriften nicht vergessen.) Mit Crème fraîche, Magerquark oder Sauerrahm und frischen Kräutern serviert, hat man ein leichtes, bekömmliches Menü, das im Nu angerichtet ist und immer wieder herrlich schmeckt. Je nach »Gewichtsstatus« können Sie sich etwas Käse dazu genehmigen.

Denken und Schlanksein
Über den Zusammenhang von Denkarbeit und Schlanksein sind verschiedene Publikationen erschienen – dem Leser wird dabei gelegentlich suggeriert, daß das Abnehmen »mit dem Kopf« ganz einfach sei. Brauchbare Tips vermitteln solche Bücher dennoch, etwa den Rat, seine Wünsche und Ziele schriftlich festzuhalten oder sich täglich das Foto eines Idols mit einem schlanken Körper anzusehen und sich mit dem »geistigen Auge« in angenehme Situationen zu verset-

zen – beim Tanzen, im Schwimmbad oder bei einer sportlichen Betätigung (→ *Literaturverzeichnis:* BIRKINSHAW).

Beachtenswert ist auch folgender Tip: Man soll sein Ziel geheimhalten, die eigenen Bestrebungen abzunehmen gegenüber der Umwelt also verschweigen. Auf diese Weise sollen die große Macht des Geistes und die seelischen Kräfte sich besser entfalten.

Vielleicht äußerten Sie sich schon mehrmals vorschnell begeistert über Ihre neue »Wunderdiät«. Kein Wunder, daß die Reaktionen von Freunden, Bekannten und der Familie allmählich skeptischer oder sogar Zweifel an Ihrer »Willensstärke« laut wurden. Vielleicht haben Sie schon mehrere Mißerfolge in Sachen Gewichtsreduktion hinter sich – dann ist es nur zu verständlich, wenn Sie besonders empfindlich auf kritische Bemerkungen über Ihre vermeintliche Charakterschwäche reagieren. Autosuggestion kann die Willensstärke unterstützen. Einige Publikationen geben eine Anleitung zur Autosuggestion oder → Hypnose.

Diät
→ Schlankheitsdiät.

E

Enzyme
Enzyme sind Proteine, die biologische Reaktionen katalysieren, das heißt ermöglichen oder beschleunigen, ohne sich selbst zu verändern. Forscher vermuten, daß einige tausend Enzyme ihre Wirkung im menschlichen Körper entfalten – bisher sind etwa 2000 bekannt. Nach neueren Erkenntnissen beteiligen Enzyme, oft als »Bausteine des Lebens« bezeichnet, sich nicht nur an der Zerlegung, Aufbewahrung und Verwertung der Nahrung, sondern weitgehend an allen

Abläufen im Organismus. Diese lange unterschätzten Wirkstoffe – man nannte sie früher Fermente – bilden sich im Körper. Oft bestehen sie aus Verbindungen von Proteinen mit Mineralstoffen und Spurenelementen. Zusammen mit den Vitaminen werden die Enzyme von einer wachsenden Zahl von Wissenschaftlern als wirksame Agenten gegen Viren, Giftstoffe und Schadstoffe sowie gegen Krebszellen (→ Krebs) betrachtet.

Drüsen, wie die Bauchspeicheldrüse oder die Mundspeicheldrüsen, stellen die Produktion einiger Enzyme oder deren Vorstufen sicher. Manche Enzyme entstehen in spezialisierten Zellen. Beim Kauen, beim Einspeicheln der Nahrung, wird die Ausscheidung von Enzymen ausgelöst. Wenn Sie etwa ein Stückchen Brot eine Weile kauen, wird der Bissen immer süßer – Enzyme wandeln Stärke in Zucker um.

Essen, Eßlust, Eßsucht
→ Gewichtsprobleme.

Essentiell, Essentialität
Substanzen werden als »essentiell« bezeichnet (beispielsweise Mineralien, Spurenelemente, Vitamine, Aminosäuren oder Fettsäuren), wenn sie für den Organismus, der sie selbst nicht herstellen kann, lebensnotwendig sind. Völliges Fehlen einer solchen Substanz hätte also eine Störung im Wachstum oder in der Vollendung des Lebenszyklus (frühzeitiger Tod) zur Folge.

Ethanol
Fachausdruck für Alkohol in → alkoholischen Getränken. (Die Chemie unterscheidet mehrere Alkoholarten.)

F

Faserstoffe (Ballaststoffe)
Die nahezu unverdaulichen Bestandteile der Nahrung nennt man »Ballaststoffe«. Für die Ernährung sind besonders die pflanzlichen Faserstoffe von Bedeutung, wie sie in den meisten Obstsorten, Gemüsen und Getreidearten vorkommen. Beim Getreidekorn beispielsweise sind die Randschichten reich an Nahrungsfasern. Sie bestehen unter anderem aus Zellulose, Pektinen oder Ligninen, die den Pflanzen als Gerüstsubstanzen dienen.

In einer gewissen Menge sind Faserstoffe sehr nützlich für den Organismus: Sie regen die Darmperistaltik an und das Abscheiden von Verdauungssäften. Weil sie verhältnismäßig viel Wasser binden und aufquellen, verweilen sie länger im Magen und sorgen für ein länger anhaltendes Sättigungsgefühl. Außerdem – und dies ist für Übergewichtige wissenswert – hilft die faserstoffreiche Nahrung mit, die Zuckerresorption (Zuckeraufnahme) im Magen zu verzögern und dadurch hohe Schwankungen des Blutzuckerspiegels zu verhindern. (Der Blutzuckerspiegel hat einen entscheidenden Einfluß auf das Sättigungszentrum im Gehirn, → auch Zucker.) Allgemein wird die Aufnahme von Kohlenhydraten im Verdauungsapparat gebremst.

Geradezu segensreich soll sich faserstoffreiche Nahrung auf die Blutfettwerte auswirken. Kleie, Äpfel (mit dem Kerngehäuse) und Zitrusfrüchte wird eine besonders günstige Wirkung nachgesagt.

Eine übermäßige Zufuhr von Ballaststoffen kann zur Folge haben, daß die Nahrung den Verdauungstrakt zu schnell passiert und auf diese Weise eine Unterversorgung mit Mineralstoffen und Spurenelementen entsteht – infolgedessen werden die Vitalstoffe nicht oder nur ungenügend resorbiert.

Ballaststoffpräparate als Schlankheitsmittel

Präparate, welche pflanzliche Fasern und Quellstoffe (wie Guar) enthalten und den Magen für einige Zeit beschäftigen, werden seit Jahren immer wieder als Wundermittel angepriesen.

Die Magenfüller mögen einige Tage ihre Wirkung verrichten, den langfristigen Erfolg muß man jedoch in Frage stellen, weil sich der Magen schnell an diese Präparate gewöhnt. Falls man nach der Einnahme von Quellstoffen trotzdem reichlich ißt, kann der Magen sich sogar ausdehnen, und dies ist alles andere als erwünscht.

Fasten

Heilfasten – nicht zu verwechseln mit dem Hungern – ist eine schon seit biblischen Zeiten bekannte Methode, den Körper zu entschlacken und zu regenerieren, sich zu sammeln, »in sich zu gehen« – zu meditieren – und Selbsterfahrung zu praktizieren. Manche empfinden das Fasten als Weg zu einer neuen Jugend und zu einem positiv veränderten Allgemeinbefinden.

Kirchliche Institutionen führen Fastentreffen durch, weil das Fasten in der Gruppe leichter fallen soll. Neben dem Nahrungsverzicht für ein paar Tage – der »Ernährung von innen« und der Besinnung auf sich selbst – gelten die gedankliche Hinwendung an die Hungernden und Notleidenden sowie die Dankbarkeit für diejenigen, die mit ihrer Arbeit für die Nahrungsmittel sorgen, als weitere Schwerpunkte.

Bei gewissen Krankheiten sollen sich Körper und Geist, von der Arbeit der Nahrungsaufnahme entlastet, voll auf den »inneren Arzt« ausrichten können und die natürlichen Heilkräfte zur Entfaltung bringen. Manche Mediziner sind der Meinung, daß Fastenkuren unter ihre Aufsicht gehören und am besten in einer Klinik vorgenommen werden. Dafür spricht, daß man von der Erfahrung der Spezialisten profitieren kann. Außerdem wird man ständig überwacht und betreut, was bei Personen, die über ihren Gesundheitszustand besorgt sind, von Vorteil ist.

Zur Fastenkur bieten einige Kliniken ein sinnvolles Zusatzprogramm an. Dieses kann aus Unterricht in naturheilkundlicher Praxis oder Sport und Gymnastik unter Anleitung bestehen. Bei Gesunden ist die Abschirmung von ablenkenden Umwelteinflüssen wohl der wichtigste Vorteil des Klinikfastens. Unter gewissen Voraussetzungen kann aber auch zu Hause gefastet werden.

Fette, Öle, essentielle Fettsäuren
Die wichtigsten Quellen für tierische Fette in unserer Ernährung sind die Butter mit etwa 83 Prozent Fettgehalt, Schweineschmalz mit nahezu 100 Prozent, Fleisch je nach Herkunft, Wurstwaren mit 30 bis 50 Prozent, Käse und Rahm mit 30 bis 35 Prozent Fettgehalt.

Pflanzenöle, etwa Erdnußöl oder Sonnenblumenöl, weisen einen Fettgehalt von fast 100 Prozent auf, Mayonnaise von etwa 80 Prozent und Nüsse von 50 bis 60 Prozent. Zum Vergleich: Der Fettgehalt der meisten Gemüse – außer der von Avocados mit etwa 17 Prozent – ist verschwindend klein, meist liegt er weit unter einem Prozent.

Chemisch betrachtet sind Fette Verbindungen aus Kohlenstoff, Wasserstoff und Sauerstoff. Die meisten Fette sind Triglyceride – sie bestehen aus Glycerin und drei daran gebundenen Fettsäuren.

Die mit der Nahrung aufgenommenen Fette gelangen in den Verdauungsapparat, wo sie aufbereitet, aufgespalten und emulgiert werden, und über die Lymphbahnen anschließend ins Blut. Zusammen mit Proteinverbindungen werden sie den Zellen als hochkonzentrierte Energie, als bedeutsame Betriebsstoffe zugeführt oder aus dem Blut herausgefiltert, um in den Fettgeweben (→ Fettzellen) als Depotfett zu lagern. Als Träger der fettlöslichen Vitamingruppen A, D, E und K (→ Vitamine) haben die Fette eine bestimmende Aufgabe.

Während der Phase der Gewichtsreduktion ist besonders auf eine kontrollierte Fettzufuhr zu achten. Allgemein wird empfohlen, den Anteil an gesättigten Fettsäuren, wie sie in Butter, Fleisch und Wurstwaren vorkommen, möglichst niedrig zu halten. Die sogenannten mehrfach ungesättigten Fettsäuren kann der Körper nicht selbst aufbauen, benötigt sie aber, deshalb werden sie als »essentiell« bezeichnet. Daraus folgt, daß man dem Organismus bei einer Reduktionsdiät wohldosiert Fette zuführen muß. Eine chemische Substanz wird dann als »gesättigt« bezeichnet, wenn sie sich in einem Zustand befindet, der keine weitere Zufuhr von Materie mehr zuläßt. Sie kann also kein zusätzliches Atom, etwa von Wasserstoff, mehr aufnehmen. Ist noch »Platz frei«, so ist die Fettsäure ungesättigt. Stehen zudem noch freie Bindungsmöglichkeiten für mehrere Wasserstoffatompaare zur Verfügung, so bezeichnet man sie als »zweifach«, »dreifach« oder »mehrfach ungesättigte Fettsäuren«. Für den Organismus ist die zweifach ungesättigte Linolsäure die bedeutendste ungesättigte Fettsäure.

Die kaltgepreßten, nichtraffinierten, schonend behandelten Pflanzenöle, wie Distelöl, Weizenkeimöl, Walnußöl, Haselnußöl, Sesamöl und Kürbiskernöle, verfügen über einen hohen Anteil an essentiellen Fettsäuren (Linolsäure und Linolensäure) und Vitaminen der E-Gruppe.

Hochwertige pflanzliche Öle und Fette sollten den tierischen vorgezogen werden, denn sie können – neben anderen geeigneten Nahrungsmitteln – dazu beitragen, die Cholesterinwerte (→ Cholesterin) günstig zu beeinflussen. Die meisten dieser Öle genügen höchsten kulinarischen Ansprüchen, man müßte der Empfehlung daher schon aus diesem

Grund Folge leisten. Leider ist die Haltbarkeit der meisten schonend behandelten Öle sehr beschränkt, oft sind sie teuer und nur für die kalte Küche (etwa Salate) zu gebrauchen. Meist vertragen diese Öle höhere Temperaturen (beispielsweise beim Braten) schlecht, Traubenkernöl bildet eine Ausnahme. Oft entwickeln sie bei Erhitzen einen unangenehmen Geruch oder spritzen stark. Alle hochwertigen Öle, wie Haselnußöl, Kürbiskernöl und Sesamöl, sollten Sie nur in kleinen Flaschen mit empfohlenem Verbrauchsdatum kaufen, damit Sie immer möglichst frisches Öl zur Hand haben. Variieren Sie Ihre Rezepte und experimentieren Sie mit den verschiedenen Sorten und Geschmacksrichtungen – Abwechslung ist auch hier die Devise.

Fügen Sie Ihren Speisen, beispielsweise Ihrem → Müsli, täglich eine kleine Menge Kürbiskerne und Sesamsamen (→ Kerne) hinzu, nehmen Sie die hochwertigen Fette, aber auch Proteine, Mineralien und Spurenelemente in der allerbesten, nämlich der ursprünglichen und unverfälschten Form, auf.

Fettsucht, ernährungsbedingte
→ Gewichtsprobleme.

Fettsucht, krankheitsbedingte
→ Gewichtsprobleme.

Fettzellen, Fettgewebe
Das Fettgewebe setzt sich aus einer Vielzahl von miteinander verbundenen Fettzellen zusammen. Kleinste Blutgefäße – »Kapillaren« genannt – und ein feines Geäst von Nerven durchlaufen diese sehr elastischen Fettzellen. Fettzellen sind die Depots für die winzigen Fetttröpfchen, die das Blut aus dem Verdauungstrakt heranschafft. Fettzellen können sich also vergrößern, indem sie Fett aufnehmen, sie

können sich aber auch verkleinern (das Fett wird dem Organismus zum Verbrauch zugeführt), und das bewirkt letztlich einen Gewichtsverlust. Das im Übermaß als lästig empfundene Fettgewebe erfüllt indes einige wichtige Aufgaben. Es ist Stütze, Polster für empfindliche Körperbereiche, Kälteschutz und »Vorratskammer« zugleich.

Der größte Teil des Fettgewebes liegt unter der Haut, wobei geschlechtsspezifische Unterschiede in der Verteilung feststellbar sind. Bei Frauen bilden sich die Fettpolster vornehmlich an Hüften, Oberschenkeln, Gesäß und Oberarmen, bei Männern ist häufig in erster Linie der Abdomen betroffen. Neben den → Lipasen wirken Hormone, auch Geschlechtshormone, am Fettstoffwechsel mit – gut ersichtlich durch die erwähnte unterschiedliche Fettverteilung am Körper bei der Frau und dem Mann.

Fische, Fischgerichte
Fisch wird als Nahrungsmittel ähnlich kontrovers beurteilt wie → Fleisch. Vegetarier (→ Vegetarismus) und manche Anhänger der → Vollwertkost lehnen den Verzehr von Fisch und Fleisch grundsätzlich ab. Außerdem werden Fische, falls sie aus einer Intensivzucht oder aus umweltverseuchten Gewässern stammen, als Schadstoffsammler betrachtet – Pestizide, Antibiotika und Schwermetalle, besonders Quecksilber, Blei, Cadmium und Arsen, nennt man in diesem Zusammenhang am häufigsten. Möglicherweise wird der Schwermetallgehalt in Fischen überbewertet, weil → Vitamine, → Mineralstoffe und Spurenelemente wechselseitige Reaktionen im Organismus auslösen und neutralisierend wirken können. Arsen beispielsweise verstärkt unter gewissen Voraussetzungen den Einfluß von Selen. Selen wird von einer wachsenden Zahl von Wissenschaftlern als überaus bedeutsames, gegen gewisse Krebsarten (→ Krebs) agierendes Spurenelement betrachtet. Heringe aus bestimm-

ten Gewässern sind reiche Pantothensäure-Quellen – dieses Vitamin der B-Gruppe ist an verschiedenen Entgiftungsreaktionen im Organismus beteiligt. Dennoch seien die Schadstoffprobleme hier nicht verharmlost – gesunde, unter ökologisch vertretbaren Bedingungen produzierte Nahrungsmittel werden eine der großen Herausforderungen der Zukunft darstellen. Achten Sie also stets auf die Herkunft der Nahrungsmittel, nicht nur bei Fisch und Fleisch. Stammen Fische aus einwandfreien Gewässern, lassen sich mit ihnen herrliche Gerichte zubereiten, und sie bieten zu jeder Jahreszeit eine willkommene Abwechslung.

Daß unter gewissen Bedingungen eine Ernährung, die zu einem hohen Anteil aus Fisch besteht, ohne Gesundheitsgefährdung möglich ist, beweisen die auf Grönland lebenden Inuits, die Eskimos. Einige der restlichen reinen Eskimopopulationen Grönlands ernähren sich als Jäger und Fischer noch heute zu einem hohen Prozentsatz von Fischen und Fischtran. Wissenschaftler interessiert besonders die Rolle der wertvollen Fischfette bei dieser Ernährungsform. Die zivilisationsfernen (und damit auch nicht gerade an Bewegungsarmut leidenden) Eskimos sollen von Herzkrankheiten weitgehend verschont sein. Der hohe Gehalt an Eiweiß, Vitamin B_{12} und Vitaminen der D-Gruppe bei gleichzeitig geringem – aber kostbarem – Fettanteil (mehrfach ungesättigte, sogenannte Omega-3-Fettsäuren, → Fette) der Kaltwasserfische soll mithelfen, gegen Atherosklerose, Schlaganfall und Herzkrankheiten vorzubeugen. Zudem ist Meeresfisch besonders reich an → Mineralstoffen und Spurenelementen.

Fitneß, Sport
Neuere, großangelegte Langzeituntersuchungen untermauern die altbekannte Empfehlung einer (maßvollen) täglichen Bewegung. In Kombination mit einer vernünftigen, dem

Alter und den Lebensgewohnheiten angepaßten Ernährung beeinflußt sie die Körperfunktionen positiv, reguliert den Blutdruck und die Blutfettwerte und senkt das Infarktrisiko entscheidend.

Sportmediziner entdeckten bei Untersuchungen einen weiteren, überraschenden Nebeneffekt des regelmäßigen körperlichen Trainings. Nicht nur der Körper, sondern auch die Seele wird durch regelmäßiges körperliches Training tiefgreifend beeinflußt. Manche Testpersonen berichten über Befindlichkeitsveränderungen im positiven Sinn: über eine bessere psychische Verfassung, den Abbau von Angstgefühlen, mehr Gelassenheit und den Rückgang von leichten Verstimmungen.

Die körperliche Betätigung ist als zusätzliche Maßnahme zur Gewichtsreduktion – neben der langfristigen Regulierung der Nahrungsaufnahme – von großer Bedeutung, weil der Energieumsatz bei einer verminderten Nahrungszufuhr sehr stark absinken kann. Tägliche körperliche Bewegung ist das wirksame Gegenmittel zur Tendenz des Körpers, bei reduzierter Nahrungszufuhr auf »Sparflamme« zu schalten. Bei halbierter Zufuhr – beispielsweise durch eine Diät – kann der Energieverbrauch des Körpers, der den Mangel als Krisensituation interpretiert und die entsprechenden Notmaßnahmen einleitet, bis um vierzig Prozent zurückgehen. Wissenschaftler erläutern dieses Phänomen so: Der Organismus mußte einen Schutzmechanismus für Notzeiten entwickeln, da es in der Menschheitsgeschichte immer wieder Hungerperioden gab.

Körperliche Betätigung hat außerdem eine gewisse positive Nachwirkung: Verschiedene Körperfunktionen (etwa die Durchblutung der Haut und der Muskulatur) werden nachhaltig aktiviert. Welche Art von körperlicher Betätigung ist also geeignet, einen leichten Einstieg zur Fitneß zu finden? Der Anfang kann gerade deshalb schwerfallen, weil man häufig Fehler begeht und weil Vorurteile (»ich bin schon zu alt, um Sport zu treiben«) vorherrschen. Falsch ist es, sich bei Beginn der sportlichen Aktivität zu überanstrengen – so schlägt die anfängliche Begeisterung rasch in Enttäuschung um. Ein weiterer Punkt ist der oft unterschätzte Zeitbedarf. Für die Körperpflege nach dem Training, den Umgang mit dem Sportmaterial und der Kleidung muß man ebenfalls genügend Zeit einplanen. Achten Sie außerdem auf eine ausreichend lange Phase der Ruhe und Entspannung.

Falls Sie schon lange keinen Sport mehr trieben, sind zu Beginn Spaziergänge, etwas später zügiges Marschieren, besonders günstig. Es besteht kaum Gefahr, daß Sie sich dabei überanstrengen. Spazieren und Marschieren, vorzugsweise durch eine landschaftlich reizvolle Gegend, lassen sich von jedermann ohne weiteres durchführen. Bergwandern und – wer die Kosten nicht scheut – Golf sind ebenfalls zu empfehlen. Die Ausdauersportarten Radfahren, Schwimmen und Skilanglauf haben, im Vergleich zu anderen Sportdisziplinen, den Vorteil, die Gelenke zu schonen. Sie setzen sich aus flüssigen Bewegungsabläufen zusammen, harte, abrupte Bewegungen und Schläge auf den Bewegungsapparat werden vermieden – das Körpergewicht belastet die Fußgelenke, Kniegelenke und Hüftgelenke weniger.

Bei einigen Freizeitsportarten läßt sich Natur »pur« erleben, etwa beim Bergwandern und Skiwandern, beim Waldlauf oder bei der Radtour durch einen Naturpark. Bewegung, Naturerlebnis und Reiselust lassen sich durchaus sinnvoll auf umweltverträgliche Art kombinieren.

Vielleicht haben Sie sich längere Zeit nicht körperlich betätigt und/oder haben (noch) großes Übergewicht. Ist dies der Fall, sollten Sie das fast überall und ohne großen Aufwand durchführbare Jogging, den Waldlauf oder das

»Footing« sehr vorsichtig beginnen. Bei unsachgemäßem Vorgehen kann Laufen zu Problemen für Herz und Kreislauf und zu Schäden am Bewegungsapparat führen. Seien Sie also vorsichtig, beginnen Sie mit ein paar Dehnungsübungen (Stretching), und laufen Sie sich langsam warm. Zu starke anfängliche Belastung von Herz und Kreislauf beim Training ist der häufigste Fehler der Hobbysportler. Lassen Sie also falschen Ehrgeiz beiseite, und beginnen Sie abwechselnd, mit kurzen Laufstücken und zügigem Marsch. Verlängern Sie die Laufstrecken allmählich. Achten Sie auf Ihre Körpersignale, laufen Sie gemächlich, *in einem Tempo, bei dem Sie sich wohl fühlen* und bei dem Sie sich noch unterhalten können. Denn Sie wollen Ihren Körper durch die sportliche Aktivität in Schwung bringen, Sie verfolgen keine Hochleistungsziele.

Eine oft gestellte Frage lautet: Wie häufig soll man trainieren? Das ist individuell sehr verschieden – grundsätzlich nur, wenn man Lust dazu hat! Um Ihnen dennoch einen Anhaltspunkt zu geben: Mit anfänglichen ein bis zwei, später zwei bis drei wöchentlichen Ausdauertrainings von etwa je einer halben Stunde erlangen Sie Ihre Fitneß, gestatten Ihrem Körper aber noch genügend Erholungszeit.

Um eine schädliche Überbeanspruchung des Herz-Kreislauf-Systems am Anfang Ihrer Hobbysportlerkarriere zu verhindern, können Sie auf einfache Art selbst den Puls messen. Halten Sie während der Ausdauerleistung kurz an und messen Sie den Puls, indem Sie den Daumen an die Halsschlagader oder an die Ader am Handgelenk legen. Zählen Sie den Puls während zehn Sekunden und multiplizieren Sie die Zahl mit sechs, dies ergibt die Anzahl der Herzschläge pro Minute. Eine allgemeine Höchstgrenze schlägt die bekannte Empfehlung des Deutschen Sportbundes (DSB) mit dem »Trimming 130« (also 130 Pulsschlägen pro Minute) vor, das eine Überbeanspruchung nahezu ausschließt. Älteren Personen ab etwa sechzig Jahren raten Sportärzte, sich vorsichtshalber an einem Richtwert von »180 abzüglich Lebensalter« zu orientieren.

Für eine 65jährige Person ist demnach ein Puls von 115 der richtige Belastungspuls. Nach ein paar Wochen regelmäßiger sportlicher Betätigung kann man die Trainingsintensität etwas steigern.

Folgende Kontrolle, die Ihnen Aufschluß über Ihre Herzleistung gibt, sollten Sie während der ersten Tage am Schluß des sportlichen Trainings ebenfalls vornehmen: Ermitteln Sie den Puls zwei Minuten nach der ersten Pulsmessung erneut. Die Pulsfrequenz sollte nun mindestens um zwanzig Schläge zurückgegangen sein. Ist dies nicht der Fall, trainieren Sie eine Weile weniger intensiv. Tritt nach einer Woche kein merklich besseres Erholungsvermögen ein, sollten Sie Ihren Arzt um Rat fragen. Im Sinne der Früherkennung von möglichen Krankheiten (Prävention) sind während der zweiten Lebenshälfte ärztliche Untersuchungen in Abständen von zwei bis drei Jahren ohnehin angezeigt.

Beenden Sie Ihr Training, indem Sie langsam auslaufen oder das letzte Stück des Weges marschieren. Lassen Sie einige Dehnübungen folgen, die Sie unter fachkundiger Leitung erlernt haben sollten. Eine ausführliche Anleitung zum Stretching ist nicht Thema dieses Buches. Eine einfache Übung sei jedoch beschrieben, damit Sie sich von der wohltuenden Wirkung der Dehnungsübungen überzeugen können: Stellen Sie sich aufrecht vor eine Mauer, einen Baumstamm oder einen anderen Gegenstand in Tischhöhe. Legen Sie Ihr rechtes Bein darauf und dehnen Sie es, indem Sie es langsam durchstrecken. Ihr Standbein ist ebenfalls durchgestreckt. Beugen Sie nun den Oberkörper langsam nach vorne zur Fußspitze hin. Sie sollten nicht mehr als ein leichtes Ziehen in Wade, Oberschenkelmuskulatur und Gesäß verspüren. Verharren Sie zehn bis fünfzehn Sekunden in dieser

Stellung – falls Sie Schmerzen bemerken, nehmen Sie den Oberkörper wieder etwas zurück. Achten Sie darauf, daß alle Ihre Bewegungen fließend sind, ohne Wippen und nicht abrupt. Kehren Sie langsam in die Ausgangslage zurück. Anschließend Beinwechsel.

Viele nützliche Informationen zum Thema »Fitneßtraining«, »Kleidung« und »Material« finden Sie im *Literaturverzeichnis* am Ende dieses Buches. Nur soviel sei zur Sportausrüstung gesagt: Kaufen Sie Qualität – Ihre Laufschuhe beispielsweise erstehen Sie am besten bei Fachleuten (und aktiven Läufern), die Ihre bloßen Füße untersuchen und sich über Ihr Gewicht, Ihre speziellen Trainingsbedingungen, Fußtyp, Fußform und Fußbreite sowie Ihren Laufstil informieren. Einige Spezialisten verkaufen nur Laufschuhe, Kleidung und Zubehör, die sie in Wettkampf und Training getestet haben.

Millionen Hobbysportler, die in Maßen Sport betreiben, empfinden die körperliche Betätigung als angenehm, fühlen sich allgemein wohler und möchten sie nicht mehr missen.

Zu Marathonläufen (über 42 oder gar 100 Kilometer) finden sich immer wieder sechzigjährige und siebzigjährige Teilnehmer ein, die zu erstaunlichen Leistungen fähig sind. Diese Beispiele weisen darauf hin, daß das Alter kein Hindernis darstellt, (der individuellen Situation entsprechend) Sport zu betreiben.

Leider sind Trimmgeräte und Bodybuilding-Studios immer noch mit Vorurteilen belastet. Athleten oder, treffender ausgedrückt, riesige Muskelberge aufgrund übertriebenen Trainings haben der Sache mehr geschadet als genutzt. Bei richtiger Anwendung lassen Muskelpartien, die sonst selten beansprucht werden, sich jedoch gezielt aktivieren und in einem Minimum an Zeit straffen – dies alles unabhängig vom Wetter. Suchen Sie gut ausgebildete Fachleute auf, sie sind in der Lage, Ihnen ein »maßgeschneidertes« Programm zusammenzustellen – Problemzonen, wie die Muskulatur von Bauch, Oberschenkel und Gesäß, werden einzeln berücksichtigt.

Besonders bei älteren Menschen, die ja allgemein oft unter Muskelschwund leiden, bringt regelmäßiges Bodybuilding beachtliche Erfolge. »Zu Tode schonen« nennen manche Ärzte die immer noch häufige Praxis, ältere Menschen möglichst ruhigzustellen.

Vielleicht finden Sie es praktisch, in den eigenen vier Wänden zu trainieren. Dazu bietet Ihnen der Fachhandel Geräte in verschiedenen Preislagen an. Ein Tip: Falls Sie ein Fahrrad haben, ahmen Sie die Radprofis nach und kaufen Sie sich im Fachhandel eine passende Halterung mit Rolle. Sie gibt Ihnen Gelegenheit, zu Hause zu üben, und ist billiger als ein Rad-Hometrainer.

Falls Sie keine Lust verspüren, sich einem Verein anzuschließen, einen Gymnastikkurs zu belegen oder nach Anleitungen aus einem Buch zu turnen, bieten die modernen Medien eine Alternative. Einige Fernsehsender strahlen gelungene Fitneßprogramme aus, die Sie für den Hausgebrauch auch mit Ihrem Videogerät aufzeichnen dürfen. Trainieren Sie gemeinsam mit den Skistars, gönnen Sie sich etwas Bewegung zusammen mit einer flotten Aerobic-Lehrerin, oder lassen Sie sich für eine Lektion »Gym« an einem regnerischen Winterabend für zwanzig Minuten nach Florida oder an einen Traumstrand auf Hawaii entführen. So holen Sie sich Ihre Fitneß mit attraktiver und unterhaltsamer Begleitung.

Suchen Sie sich in aller Ruhe eine Sportart oder körperliche Betätigung aus, die Ihnen besonders liegt und die Sie gut mit Ihrer Lebenssituation (Alter, soziales Umfeld, körperliche Konstitution, berufliche Beanspruchung, Wohnort) verbinden können. Zwang und falsch verstandene »Pflichterfüllung« sind dabei nur hinderlich. Für die meisten Sportarten gilt: In einer Gruppe Gleichgesinnter, mit der Zuwendung und dem Know-how einer Lehrkraft, bereitet das Fitneßtraining mehr Vergnügen. Erkundigen Sie sich, ob sich in Ihrer Nähe eine Gruppe für das gemeinsame Lauftraining oder dergleichen befindet. Vielleicht überreden Sie auch Ihren Lebenspartner oder ein Familienmitglied zum gemeinsamen Fitneßtraining.

Gönnen Sie sich beim Sport Abwechslung, dadurch bleibt die körperliche Aktivität interessant, und durch die verschiedenartige Belastung (Schwimmen, Laufen, Radfahren, Gymnastik, Bergwandern) werden unterschiedliche Muskelpartien beansprucht. Die Gefahr der Überbelastung, beispielsweise der Knie oder der Füße, verringert sich so erheblich.

Kann man nur durch körperliche Bewegung, ohne Kontrolle der Energiezufuhr, abnehmen – beispielsweise durch tägliche Langstreckenläufe? Dies ist wohl in der Praxis, schon aus Zeitgründen, für die wenigsten durchführbar. Außerdem wird der Kalorienverbrauch durch sportliche Aktivität meist überschätzt. Um einen Teller Pommes frites »wegzutrainieren«, muß man etwa zwei Stunden radfahren. Am besten betrachten Sie das Körpertraining als wichtige begleitende oder unterstützende Maßnahme in Ihren Bestrebungen zur Gewichtsreduktion.

Flavone, Flavonoide

Diese in höheren Pflanzen, also auch in Gemüsen und Früchten vorkommenden chemischen Verbindungen sind meist farblos oder gelblich bis stark gelb (lateinisch »flavus« = »gelb«). Man kennt etwa tausend Flavone und geht davon aus, daß der größte Teil dieser Wirkstoffe noch unerforscht ist. Als gut »sichtbar« läßt sich das Flavon Citrin bezeichnen, der gelbe Farbstoff in der Schale der Zitrusfrüchte, Bestandteil von Paprika und Safran (→ Vitalstoffe).

Fleisch, Fleischgenuß

Ohne Fleisch und Wurst lebt man gesünder – so läßt sich der 1991 veröffentlichte Zwischenbericht des Deutschen Krebsforschungszentrums in Heidelberg interpretieren. Herz-Kreislauf-Krankheiten und bösartige Tumoren bei Männern sind bei den während elf Jahren untersuchten Vegetariern (sie setzten sich aus drei Prozent Veganern, 58 Prozent Anhängern der ovolaktovegetabilen Ernährung und gemäßigten Vegetariern mit seltenem Fleischkonsum zusammen) nur rund halb so oft aufgetreten wie in einer Gruppe von gleichaltrigen Nichtvegetariern. Bei Frauen, die sich vegetarisch ernährten, zeigte sich ein um 25 Prozent geringeres Krebsrisiko.

Diese Ergebnisse muß man wohl relativieren, denn Vegetarier verhalten sich in anderen Lebensbereichen ebenfalls überdurchschnittlich gesundheitsbewußt. Die meisten der Untersuchten sorgen für regelmäßige körperliche Bewegung, oft sind sie Nichtraucher und konsumieren wenig alkoholische Getränke. Außerdem verfügen Vegetarier oft über eine höhere Bildung und leben in guten wirtschaftlichen und sozialen Verhältnissen, und dies wirkt sich erwiesenermaßen positiv auf die Lebenserwartung aus.

Dennoch sollten wir die Warnung, die in der Heidelberger Studie zum Ausdruck kommt und besonders an die maßlosen Fleischesser gerichtet ist, ernst nehmen. Manche Ernährungswissenschaftler empfehlen nicht den völligen Fleischverzicht, sondern einen mäßigen oder seltenen Fleischkonsum. Übergewichtige sollten fette Fleischwaren und Wurstsorten vor allem wegen des hohen Energiegehalts und der an gesättigten Fettsäuren reichen → Fette meiden. Mögliche gesundheitliche Schäden durch übermäßigen Fleischkonsum sind Bluthochdruck und ungünstige Blutfettwerte, Gallensteine, Nierenfunktionsstörungen und Ablagerungskrankheiten, etwa Gicht.

Studien aus den USA bestätigen die Heidelberger Langzeituntersuchungen: Gewisse Krebsarten (→ Krebs) werden mit einem hohen Konsum an Fleisch und Fleischwaren in Zusammenhang gebracht. Gepökeltes, geräuchertes und stark gegrilltes Fleisch stehen besonders im Verdacht, kanzerogen zu wirken.

Vertreter der Vegetarierbewegung und der Vollwertkostbewegung führen ernährungsphysiologische, oft ebenso ethische und das globale Ökosystem betreffende Gründe für ihren Verzicht auf Fleisch und Fisch an. Von dem irischen Schriftsteller GEORGE BERNARD SHAW soll das Wort stammen: »Ich liebe Tiere, darum esse ich sie nicht.« Fairerweise verdient jeder Respekt, der – aus welchen Gründen auch immer – auf Fleisch verzichten will.

Jeder soll selbst entscheiden, was er essen möchte und was nicht. Über die möglichen Folgen einer fortwährenden Verschwendung der Ressourcen müssen sich alle Bewohner unseres Planeten jedoch im klaren sein. Sie beginnt schon bei der Erzeugung unserer Lebensmittel. So entstehen bei der Schlachttiermast »Veredelungsverluste«. Um Fleisch zu erzeugen, sind große Mengen (zum Teil importierten) Getreides notwendig. Masttiere benötigen einen hohen Prozentsatz des Futters allein schon, um die Körperfunktionen aufrechtzuerhalten. Nur ein geringer Anteil wird veredelt, das heißt in Muskelfleisch umgewandelt. Manche Fleischgegner argumentieren aus diesem Grund, die reichen Industrienationen würden mit ihren Getreideimporten den Armen der Welt die einzigen für sie gerade noch erschwinglichen Nahrungsmittel entziehen. Außerdem stoßen die Intensivformen der modernen Nutztierhaltung mit ihren Haltungsproblemen bei vielen Konsumenten auf wachsende Kritik. Eine übermäßige Fleischproduktion kann ernsthafte Folgen für unser gesamtes Ökosystem haben, weil dazu Monokulturen (Mais, Gerste, Weizen) unter massivem Einsatz von Agrochemikalien notwendig sind. Eine derart intensive Bewirtschaftung des Bodens kann zu einer Abnahme der natürlichen Bodenfruchtbarkeit führen.

Manche Exponenten der Vegetarierbewegung, aber auch von religiösen Gruppen, vertreten die These, das Fleischessen sei widernatürlich und der Mensch ursprünglich ein Pflanzenesser gewesen. Die Fleischgegner verweisen auf anatomische Merkmale des Menschen, die beweisen sollen, daß unsere Urahnen Pflanzenesser waren, – etwa auf das Gebiß mit den zu Mahlzwecken ausgebildeten Backenzähnen zum Kauen von Pflanzenteilen und Getreide, und den zum Fleischverzehr schlecht geeigneten Schneidezähnen (Raubtiere verfügen bekanntlich über besonders ausgebildete Reißzähne). Außerdem soll der menschliche Verdauungstrakt (Darmlänge, Magensäurekonzentration) für den Fleischverzehr ungeeignet sein.

Prähistorische Tiermalereien, besonders Darstellungen von Jagdszenen, bilden noch keinen Beleg dafür, daß Menschen seit Urzeiten Fleisch essen. Knochenfunde von Beutetieren in Höhlen und bei Lagerstätten reichen ebenfalls nicht aus. Vielleicht können versteinerte menschliche Kotproben aus den verschiedenen prähistorischen Abschnitten Klarheit darüber bringen, wann der Mensch von der rein pflanzlichen Nahrung zur Mischkost überging. Und gerade für die Theorie, daß unsere Urahnen sich von Fleisch, Fisch, Beeren und anderen Früchten, Wurzeln, Nüssen und weiteren Pflanzenteilen ernährten, häufen sich die Hinweise. Vieles spricht dafür, daß unsere Vorfahren sich im Zuge ihrer Verbreitung über die Erdteile notgedrungen der Jahreszeit und den örtlichen Bedingungen anpassen mußten und – zumindest in bestimmten Regionen – von Mischkost ernährten. Mit dem Faustkeil, einem der ersten bekannten menschlichen Werkzeuge, ist übrigens ein nahezu fachgerechtes Ausweiden, Enthäuten und Zerteilen von Beutetieren möglich.

Bekanntlich bestanden (und bestehen heute noch) zwischen dem Zivilisationsgrad der Bewohner der verschiedenen Erdteile und Regionen große Unterschiede. Augenzeugenberichte liefern uns Informationen über die Ernährungsgewohnheiten verschiedener Naturvölker. Einige Indianerstämme Nordamerikas beispielsweise wanderten mit den Büffelherden, ihr Leben war auf die Bisons ausgerichtet – das Büffelfleisch bildete die Nahrungsgrundlage. Und die Nomaden Sibiriens, die Ewenken, oder die Lappen Skandinaviens könnten selbst heute ohne ihre Rentierherden nicht überleben.

Man kann sich leicht vorstellen, daß unsere Urahnen einen großen Teil ihrer Zeit mit Nahrungsbeschaffung verbrachten und mit derjenigen Nahrung vorliebnehmen mußten, die greifbar war. Deshalb ist es nicht sinnvoll, in der »grauen Vorzeit« nach der für uns »richtigen« Ernährung zu suchen. Selbst wenn unsere Vorfahren sich hauptsächlich von Fleisch und Fisch ernährt hätten, bedeutete dies nicht, daß es uns Zivilisationsmenschen ebenfalls bekommt – dazu sind die Lebensbedingungen zu verschieden. Außerdem sind unsere heutigen Zuchtprodukte und Anbauprodukte nicht mit früheren Nahrungsmitteln vergleichbar.

Fleischbefürworter berufen sich darauf, daß uns einwandfreies Fleisch nicht nur kulinarische Genüsse, sondern auch hochwertige und leichtverdauliche → Proteine, → Vitamine, → Mineralstoffe und Spurenelemente liefert. Kobalt zum Beispiel ist in überdurchschnittlichen Mengen in tierischen Nahrungsmitteln, in Fleisch, Fisch, Innereien, Milch, Milchprodukten und Käse enthalten. (Rohkakao, Kaffee, Pilze und Gewürznelken können ebenso gute Kobaltquellen darstellen.) Tierische Proteine sind im allgemeinen, da sie ähnliche Aminosäurenmuster (→ Aminosäuren) wie die menschlichen aufweisen, vom Organismus leicht verwertbar. Außerdem vermag der menschliche Organismus das

Spurenelement Eisen aus Fleisch besser als aus pflanzlichen Nahrungsmitteln aufzunehmen.

Anhänger der Vegetarierbewegung (→ Vegetarismus) sind dagegen der Meinung, Fleischgenuß sei völlig unnötig, und der menschliche Proteinbedarf lasse sich durch eine geeignete Kombination von pflanzlichen Eiweißen (aus Getreide, Nüssen, Gemüse) weitgehend decken. Die verschiedenen Nahrungsproteine sollen einander in ihren Anteilen an Aminosäuren ergänzen.

Freie Radikale
Der Organismus verfügt über ein Immunsystem, ein körpereigenes Abwehrsystem, das schädliche Substanzen, Viren und Bakterien vernichtet. Zu den gefährlichsten Fremdstoffen, die sogar Gene verändern können, zählt man die freien Radikale. Den Ausdruck verwendet man für sehr reaktive Atome oder Moleküle, die im Organismus gefährliche Kettenreaktionen auslösen und dadurch Körperzellen angreifen oder beschädigen können. Zur Abwehr benötigt das körpereigene Immunsystem genügend → Vitamine, → Aminosäuren und Spurenelemente, beispielsweise Vitamin C, Beta-Karotin, Vitamine der E-Gruppe, Selen.

Freizeit und Erholung
Suchen Sie sich, zusätzlich zur Ernährungsumstellung, eine neue, abwechslungsreiche Freizeitaktivität, oder probieren Sie es mit Gymnastik und Sport (→ auch Fitneß).

Tätigkeiten, bei denen Sie für eine Weile den Alltag vergessen, in denen Sie völlig aufgehen, eignen sich besonders, denn hier sind Erholungseffekt und Distanz zum Alltag am größten. Bewußtes Naturerleben, das Betrachten eines Bergpanoramas, eine Wanderung am Meer, Musizieren oder das Hören der Lieblingsmusik, Basteln oder Malen sind Beispiele für sinnvolle Freizeitbeschäftigungen.

Früchte
→ Obst.

Fruchtzucker
→ Zucker.

Fußgymnastik
Folgende Übung regt die Blutzirkulation und die Verdauung an: Legen Sie sich auf den Rücken und bewegen Sie die Füße dreißigmal bis fünfzigmal nach vorne und zurück. Diese Übung läßt sich schon am Morgen im Bett, vor dem Aufstehen, ausführen.

G

Gemüse
Gemüse – und Obst – zählen zu den Spitzenreitern der gesunden Ernährung. So umstritten einige Nahrungsmittelgruppen sind, über den ernährungsphysiologischen Wert von Gemüsen herrscht unter den Experten Einigkeit. Die meisten Gemüse sind kalorienarm und leichtverdaulich. Außerdem enthalten sie zahlreiche → Vitamine, → Aminosäuren, → Mineralstoffe und Spurenelemente, Kalium, Kalzium, Magnesium, Phosphor, Eisen, Kupfer, Zink, Schwefel, Selen und Chrom. Der Einfluß mancher weiterer Wirkstoffe, etwa der → Flavonoide, auf den menschlichen Körper ist teilweise noch unerforscht.

Bei einigen Gemüsen haben ihre Wirkstoffe eine derart ausgeprägte Wirkung auf den Organismus, daß man sie seit Jahrhunderten zu Heilzwecken einsetzt. Der Gemüsespargel beispielsweise – sein wissenschaftlicher Name *Asparagus officinalis* weist auf die frühere arzneiliche Verwendung hin – wurde zur Heilung von Leberleiden und Nierenbeschwerden empfohlen.

Den ursprünglich aus Asien stammenden *Knoblauch* nutzte man schon in der Antike als Gewürz und Arzneipflanze zugleich, und zwar gegen Schlangenbisse, Augenleiden und Wurmbefall. Sagenumwoben – Abergläubische schützten sich mit Knoblauch vor Elfen und bösen Geistern –, wurde er immer wieder mit einem langen Leben in Verbindung gebracht.

Die Knoblauchzwiebel enthält die Aminosäure Alliin, weitere → Aminosäuren und → Flavonoide. Aus Alliin entsteht in Verbindung mit dem ebenfalls in der Knoblauchzwiebel vorhandenen → Enzym Alliinase der schwefelhaltige Wirkstoff Allizin. Knoblauch wirkt antibakteriell und lipidsenkend (→ Lipide), es werden gute Erfolge gegen erhöhte Blutfettwerte erzielt. Außerdem verlängert Knoblauch bei Blutungen die Gerinnungszeit. Die Gesamtheit der Wirkstoffe in der frischen Knoblauchzehe soll altersbedingten Gefäßveränderungen entgegenwirken.

Die meisten Gemüse sind fettarm und leicht verdaulich – das Wohlbefinden, das sich nach einer schmackhaften Gemüsemahlzeit (zur Abwechslung läßt sie sich auch einmal auf japanische/asiatische Art, → japanische Küche, zubereiten) einstellt, kann jeder an sich selbst überprüfen. Der bei vielen Gemüsen beträchtliche Anteil an Ballaststoffen (→ Faserstoffe) bewirkt, daß beim Essen schon früh eine Sättigung eintritt.

Blattsalate, Kopfsalat, Endiviensalat, Eissalat, Schnittsalat und Pflücksalat, Feldsalat und Radicchio können allgemein als vitaminreiche und kalorienarme Kost empfohlen werden. Sie liefern uns zusätzlich eine Reihe bedeutsamer Wirkstoffe, beispielsweise → Karotinoide und → Chlorophylle. (Wegen des möglicherweise hohen Nitratanteils entfernt man jedoch die starken »Rippen«. Das sind jene Hauptleitungsstränge der Pflanze, die ihre Gewebe mit Wasser und Nährstoffen versorgen.)

Ein paar Rezepte für → Salatsaucen, die Sie ohne weiteres auf Vorrat herstellen können, helfen Ihnen, den manchmal beträchtlichen Arbeitsaufwand bei der Zubereitung einer Salatplatte zu verringern. Erwähnt sei noch, daß der Verzehr von Kartoffelsalat mit Mayonnaise oder von Salaten aus weißen und roten Bohnen im Sinne der bewußten Ernährung nicht verboten ist, diese aber recht kalorienreich (→ Kalorientabelle) sind.

Stark sättigend wirken die verschiedenen *Kohlarten,* vor allem Rosenkohl, die – Vorsicht bei empfindlichem Magen! – auch zu Blähungen führen können. Einige, etwa der Federkohl und der Rosenkohl, haben einen überdurchschnittlichen Vitamin-C-Gehalt (100 bis 110 Milligramm pro hundert Gramm). Eine wachsende Zahl von Wissenschaftlern ist davon überzeugt, daß Kohlarten, besonders Blumenkohl, Weißkohl, Rotkohl und ganz ausgeprägt *Brokkoli,* Wirkstoffe enthalten, die einen krebshemmenden Einfluß haben (→ Krebs).

Eine ebenfalls ergiebige Vitamin-C-Quelle stellt mit bis zu 140 Milligramm pro hundert Gramm die *Paprikaschote* dar. Als Salat ist sie ebenso geeignet wie gedünstet, je nach Belieben zusammen mit anderen Gemüsen.

Dagegen kann die zu den Wurzelgemüsen zählende *rote Bete (Rande)* nur etwa zehn Milligramm Vitamin C pro hundert Gramm vorweisen, sie ist aber überdurchschnittlich mineralstoffreich.

Die *Tomaten* verdienen es ebenfalls, hervorgehoben zu werden. Bei einem Nährwert von nur etwa zwanzig bis dreißig Kalorien pro Stück (etwa 19 Kalorien je hundert Gramm) liefern sie uns nicht allzu viele, aber doch eine ausgewogene Mischung von Vitaminen und Mineralstoffen – vorausgesetzt, sie stammen aus einwandfreiem Anbau. Tomaten haben einen hohen Wassergehalt, er beträgt etwa 95 Prozent. Sie bieten sich vor allem als Vorspeise zum

Mittagstisch von Vielbeschäftigten an: Mit etwas Phantasie lassen sich aus Tomaten im Handumdrehen herrliche leichte und sofort sättigende Salate oder Gerichte zubereiten.

Kartoffeln – als Pellkartoffeln im → Dampfkochtopf zubereitet – bilden, mit einer pikanten Kräutersauce gereicht, geradezu ein Festessen. Gelegentlich kann man dieses Menü ohne Bedenken abends einnehmen. Der herausragende Kaliumgehalt (→ Mineralstoffe) der Kartoffel (etwa 440 Milligramm pro hundert Gramm) ist für die wohltuende Wirkung auf den Organismus verantwortlich. Kalium entwässert ihn und greift in vorteilhafter Weise in den Glykogenhaushalt (→ Glykogen) ein.

Karotten versorgen uns mit dem wichtigen → Beta-Karotin (und zwar mit zwölf Milligramm je hundert Gramm; zum Vergleich: Kartoffeln weisen nur 0,01 Milligramm pro hundert Gramm auf). Sie sind ideal, um eine Mahlzeit auf gesunde Art zu beginnen. Man genießt sie im ganzen oder bereitet mit Hilfe der »Bircher-Raffel« einen Salat davon zu.

Einige Hülsenfrüchte, wie die *weißen Bohnen* und andere Bohnen, haben einen ungewöhnlich hohen Gehalt an Eiweiß und Kohlenhydraten, sind also verhältnismäßig kalorienreich (mit etwa 125 Kalorien pro hundert Gramm). In manchen Ländern bereitet man aus weißen oder roten Bohnen und fettem Schweinefleisch oder Geflügelfleisch nahrhafte Eintöpfe zu, die als Nationalgerichte (Cassoulet, Bohneneintopf mit Speck, Chili con carne) gelten.

Den Rekord in bezug auf → Vitamine, → Mineralstoffe und Spurenelemente hält – ein geeigneter Anbau vorausgesetzt – die den Küchenkräutern zugeordnete *Petersilie.* Sie enthält bis zu 7 Milligramm Beta-Karotin, 166 Milligramm Vitamin C, 245 Milligramm Kalzium, 8 Milligramm Eisen und 41 Milligramm Magnesium pro hundert Gramm und verfügt über einen überdurchschnittlichen Kaliumgehalt. Die meisten anderen Küchenkräuter, wie Liebstöckel, Majoran, Thymian, Rosmarin, Schnittlauch, Salbei, Borretsch, Estragon und Bohnenkraut, sind ebenfalls reiche Vitaminlieferanten und Mineralienquellen.

Sauerkraut nutzte man schon im alten China als → Heilnahrung. Auch Pfarrer SEBASTIAN KNEIPP wußte nur Positives darüber zu berichten. Wer Sauerkraut »pur« ißt – also ohne die üblichen Beilagen, wie Pökelfleisch, geräuchertes Fleisch oder fette Würste –, kann die sofortige segensreiche Wirkung auf den Organismus leicht an sich selbst überprüfen. Das milchsauer vergorene Gemüse regt die Magensaftproduktion an und fördert die Entschlackung. Vorsicht, falls Sie einen empfindlichen Verdauungsapparat haben: Bevorzugen Sie das milde Sauerkraut aus dem Reformhaus und beginnen Sie mit kleinen Mengen.

Sauerkraut ist reich an Vitamin C und enthält neben dem Provitamin Beta-Karotin die Vitamine B_1 und B_2. Bemerkenswert ist der hohe Anteil an → Mineralstoffen: Hundert Gramm Sauerkraut bieten durchschnittlich rund 280 Milligramm Kalium, 45 Milligramm Kalzium und 0,6 Milligramm Eisen. Sauerkraut hat nur etwa 25 Kalorien und 3,5 Gramm Kohlenhydrate pro hundert Gramm.

Der Gemüse-*Spargel* ist ein (mit ungefähr 20 Kalorien pro hundert Gramm) kalorienarmes, meist teures Edelgemüse, das sich durch Vitamin C, Vitamine der B-Gruppe und oft einen hohen Gehalt an Asparaginsäure (→ Asparagin), einer → Aminosäure, auszeichnet. Der stark entwässernde Effekt auf den Organismus, besonders des weißen Spargels, ist allgemein bekannt. Spargel aus geeignetem Boden weist beachtliche Mengen des essentiellen Spurenelements Selen (→ Mineralstoffe und Spurenelemente) sowie eine Reihe weiterer Wirkstoffe auf. Für Feinschmecker ist die »Königin der Gemüse« allemal ein Festtagsmahl. Es empfiehlt sich, Spargel möglichst ohne Beilagen zu sich zu nehmen, ebenso bei allzu gehaltvollen oder die Wirkung neutralisierenden Zutaten, wie Mayonnaise oder Sauce hollandaise, Zurückhaltung zu üben. Auf fetten Schinken verzichten Sie am besten. Der hohe Anteil an Ballaststoffen (→ Faserstoffe) sorgt für eine nachhaltige Sättigung. Falls Sie den Eigengeschmack besonders betonen möchten, bereiten Sie Spargel schonend im → Dampfkochtopf zu.

Der oft von Kindern verschmähte *Spinat* ist vor allem wegen seines hohen Gehalts an Eisen (von etwa vier Milligramm pro hundert Gramm) und Kalium (von etwa 630 Milligramm pro hundert Gramm) erwähnenswert. Leider ist das in Pflanzen enthaltene Eisen für den menschlichen Organismus nicht ohne weiteres verwertbar. Vitamin C (→ Vitamine) kann bei der Umwandlung in absorptionsfähiges Eisen nachhelfen.

Sojasprossen beziehungsweise Sojakeimlinge bietet schon nahezu jeder Supermarkt an – ihren Reichtum an Vitalstoffen erkannte man in Asien längst. Man kann sie Salaten beigeben oder kurz dämpfen und asiatische Gerichte damit bereichern. Beachtenswert sind Vitamine, Karotinoide, Mineralstoffe und hochwertige Proteine, bei gleichzeitig tiefem Energiewert (von nur etwa zwanzig Kalorien pro hundert Gramm).

Der bei manchen nicht besonders beliebte *Fenchel* hat ebenfalls einen sehr hohen Mineralstoffgehalt: Hundert Gramm weisen etwa 490 Milligramm Kalium und 110 Milligramm Kalzium auf.

Mangold ist eines der wenigen Gemüse mit einem herausragenden Chromanteil – und bei geeigneter Zubereitung (blanchiert und gedämpft) eine Delikatesse.

Wer körperliche Betätigung in der Natur mit einer sinnvollen Beschäftigung verbinden will, sammelt an geeigneten Orten *Wildgemüse* und *Wildsalate*, etwa *Löwenzahn, Bärlauch, Beinwell, Sauerampfer* und *Brunnenkresse*. Besonders die zarten Löwenzahnblätter, die man für die Verwendung als Salat im Vorfrühling sammeln sollte, bedeuten für Feinschmecker eine Gaumenfreude. Sind die Blätter etwas größer, kann man sie zusammen mit anderen Gemüsen, wie Spinat, gekocht genießen. Nicht sammeln sollte man neben Straßen, auf gedüngten Wiesen und in Naturparks.

Zuckermais gilt als gute Quelle der zur Vitamin-B-Gruppe gezählten Pantothensäure, ebenso für Magnesium.

Achten Sie beim Gemüseeinkauf auf vertrauenswürdige Händler und auf kontrollierten oder naturnahen Anbau – mit der Bezeichnung »Bio« nimmt man es vielerorts nicht allzu genau. Suchen Sie die Abwechslung – mit etwas Phantasie läßt sich aus den zahlreichen, teilweise selten angebotenen Gemüsen eine Fülle wunderbarer Gerichte zubereiten.

Einige Gemüsearten werden oft verschmäht oder sind zuwenig bekannt. Wegen Zeitmangels werden im modernen Haushalt viele Frischgemüse oft von Fertigprodukten verdrängt. Für Vielbeschäftigte bietet sich fachgerecht tiefgekühltes Gemüse an, das für frisches jedoch keinen dauerhaften Ersatz darstellt.

Gesundheitskosten

Wir wissen es alle: In den meisten europäischen Ländern steigen die Gesundheitskosten – oder soll man besser »Krankheitskosten« sagen? – jährlich. Unter anderem sind falsches Ernährungsverhalten und mangelnde Bewegung dafür verantwortlich. Übergewicht verursacht oder begünstigt manche Krankheit, wie Schäden an Herz und Kreislauf, Stoffwechselleiden, Schäden am Bewegungsapparat und Krebserkrankungen.

Pessimisten schätzen, daß die Krankenkassenbeiträge sich bis zum Jahr 2000 verdoppeln werden. Optimisten aber zählen auf den ständig wachsenden Informationsstand, die Fortschritte in der Präventivmedizin sowie das steigende Gesundheitsbewußtsein und Ernährungsbewußtsein der

Bevölkerung. Und Optimisten schreiten zur Tat: Sie informieren sich über neue Methoden, ernähren sich gesünder, verringern ihr Gewicht und treiben etwas Sport.

**Gewichtsprobleme, Hunger und Appetit –
Eßlust, Eßstörungen, Eßsucht**
Einem einfachen Definitionsversuch gemäß werden Hunger und Durst als Ausdruck für das natürliche Bedürfnis des Körpers nach Nahrung bezeichnet. Der Magen meldet sich mit einem Leeregefühl, das sich nach einiger Zeit zum bekannten »Knurren« steigert. Appetit könnte man demzufolge als das Verlangen nach Speisen und Getränken definieren, ohne daß ein »durch die Natur« entstandenes Hungerempfinden vorliegen muß. Appetit findet »im Kopf« statt, es überwiegt ein seelischer Zustand oder eine Stimmung.

Wir haben jedoch Anlaß zu der Annahme, daß Hunger und Appetit einander oft überlappen und die daran beteiligten Körperbereiche, nämlich der Mund, die Mundhöhle mit der Zunge und den Geschmacksknospen, der Magen und gewisse Zentren im Gehirn, in ständiger Wechselbeziehung miteinander stehen. Schon beim Säugling bilden Nahrungsaufnahme, Wärme, Geborgenheit und Zuwendung eine Einheit. Essen und Trinken kann man demzufolge als teilweise emotional gesteuerte Verhaltensweisen bezeichnen. Gut zu essen, nicht nur Energie aufzunehmen, darf man zu den Grundbedürfnissen des Menschen zählen. Psychologen weisen deshalb auf die große Bedeutung frühkindlicher Erlebnisse in diesem Bereich hin. Daß das Kleinkind Nahrung anstatt Aufmerksamkeit und Zuwendung erhält, soll mögliche Ursache späterer falscher Verhaltensmuster und Eßstörungen sein (vergleiche → Bulimie, auch → Sucht, → inneres Gewicht).

Im Gegensatz zu den Normalgewichtigen mit ihrem »gesunden Appetit« haben Übergewichtige oft aus den verschiedensten Gründen Schwierigkeiten mit dem Eßverhalten. Zwischen einem »normalen« Genußbedürfnis und der Genußsucht eine klare Grenze zu ziehen, erscheint ohnehin schwierig. Denn die Natur will es offensichtlich so: Essen ist mit Lustgefühlen (Wohlgeschmack der Speisen, angenehmem Gefühl der Sättigung) verbunden. Normalgewichtige essen, ohne sich um die Folgen zu kümmern. Bei manchen Übergewichtigen, so muß man annehmen, funktioniert dieser psychobiologische Regelkreis der »normalen« Nahrungsaufnahme nicht oder nicht mehr. Während die einen bei psychischer Belastung und Sorgen »keinen Bissen herunterbringen«, stürzen andere sich auf alles Eßbare und nehmen zu; der Volksmund nennt es »Kummerspeck«. Eine depressive Stimmung kann einen vermehrten Konsum von süßen »Seelentröstern« nach sich ziehen. Wer schon als Säugling und im Kindesalter mit Süßigkeiten belohnt, getröstet oder auf bequeme Art ruhiggestellt wurde, muß sich möglicherweise als Jugendlicher oder Erwachsener mit Eßproblemen plagen.

Die Zusammenhänge der berüchtigten Heißhungerattacken – der unbezwingbaren Lust auf Zuckerwaren als Folge des ständigen und übermäßigen Industriezuckerkonsums – sind unter → Zucker beschrieben.

Bei der Diskussion um die Ursachen des weitverbreiteten Übergewichts schenken die Fachleute den erbbedingten Einflüssen wieder vermehrte Beachtung. So weist der bekannte Ganzheitsmediziner MAX O. BRUKER auf einen möglichen Zusammenhang hin: Er bezeichnet den Mangel an → Vitalstoffen, hervorgerufen durch den hohen Anteil an raffinierten Kohlenhydraten (Industriezucker und Auszugsmehlen) in der modernen Ernährung, als eine der möglichen Ursachen für ernährungsbedingte Fettsucht und hebt hervor, daß gerade die Übergewichtigen sich oft mangelhaft ernähren.

Ob ein Zusammenhang zwischen einer zivilisationsbedingten Fehlernährung über mehrere Generationen und dem → Fettgewebe der Übergewichtigen besteht, läßt sich noch nicht beantworten.

Fettleibigkeit aufgrund einer feststellbaren organischen Störung (Drüsenstörung, Gehirnerkrankung) wird als »krankhafte Fettsucht« bezeichnet und ist sehr selten.

Gewichtstabellen
Wie einleitend erwähnt, ist das »Idealgewicht« eine höchst individuelle Sache und von Geschlecht, Alter, Körperbau und Muskelansatz abhängig. Ihr »richtiges Gewicht« ist dasjenige, mit dem Sie sich gesund, fit und leistungsfähig fühlen. Außerdem sollten Sie Ihr Spiegelbild im Badekostüm ohne Hader betrachten können.

Die beiden am häufigsten angewandten Berechnungsmethoden, darunter der nach dem französischen Chirurgen und Anthropologen PIERRE PAUL BROCA (1824–1880) benannte »Broca-Index«, sind in Kapitel I angeführt.

Gewürze
Als »kräftig riechende, wohlschmeckende Pflanzenteile, die Lebensmitteln zur Erhöhung des Wohlgeschmacks oder der Verdaulichkeit zugesetzt werden« oder ähnlich definieren Lebensmittelbücher die Gewürze. Bei einigen reicht die Anwendung weit darüber hinaus, denn die Volksmedizin setzt sie zugleich als Heilmittel (→ Phytotherapie) ein. Traditionell finden in asiatischen Ländern neben den → Gemüsen als Arzneipflanzen auch bestimmte Gewürze oder Gewürzmischungen als → Heilnahrung Verwendung.

Anis beispielsweise, eine vermutlich aus dem Orient stammende Bibernellenart, liefert mit seinen getrockneten Früchten nicht nur das traditionelle Gewürz für Lebkuchen und Gebäck. Anis enthält ätherisches Öl mit Anethol, wirkt antibakteriell und wurde in der Volksmedizin gegen Wassersucht, innerlich und äußerlich bei Katarrhen der Luftwege und als Aphrodisiakum angewendet.

Die ursprünglich von den Molukken stammende *Gewürznelke* erzeugt das ebenfalls starke ätherische Öl Eugenol. Die getrockneten, rötlichbraunen Blütenknospen des Gewürznelkenbaumes wurden jahrhundertelang in der Zahnmedizin als Schmerzmittel eingesetzt. Sie wirken außerdem antimikrobiell und waren in der Volksmedizin ein bewährtes Mittel bei Schleimhautentzündungen in Mund und Rachen.

Ingwer – als Gewürz dient das Rhizom der Ingwerstaude – wird in Indien und China seit jeher als Würzmittel und als Arznei genutzt. Für seinen intensiven Geschmack sorgen ein starkes ätherisches Öl und Aromastoffe. Ingwer ist auch in der arabischen Küche sehr beliebt. Gegen Appetitlosigkeit, als Aphrodisiakum, gegen Reisekrankheit, Magenleiden und Darmbeschwerden soll Ingwer gleichermaßen geeignet sein.

Kurkuma (Gelbwurzel) zählt zu den Ingwergewächsen und hat seine Heimat im südlichen und südöstlichen Asien. Das verwendete getrocknete Rhizom weist ebenfalls ätherisches Öl und den kräftig gelben Farbstoff Kurkumin auf. Kurkuma diente der Behandlung von Geschwüren und wurde auch gegen Gelbsucht und als Magenmittel eingesetzt. In der indischen Küche ist Kurkuma ein wichtiger Bestandteil der Gewürzmischung Masala oder Curry und gibt ihr die intensive, grüngelbliche Farbe.

Pfeffer wurde während der vergangenen Jahrhunderte als Kostbarkeit körnchenweise gehandelt und mit Gold aufgewogen. Handelsleute (»Pfeffersäcke«) verdienten riesige Vermögen damit. Schwarzer Pfeffer ist die unreife, anschließend getrocknete Frucht des ursprünglich in Ostasien (Malabar, Borneo, Java, Sumatra) heimischen Pfefferstrauches. Für weißen Pfeffer nimmt man die ausgereiften Früchte derselben Pflanze. Die moderne Forschung erhellt das Geheimnis der köstlichen Wunderkörner: Sie liefern uns neben Vitaminen, Mineralien und ätherischem Öl das essentielle Spurenelement Chrom (→ Mineralstoffe und Spurenelemente).

Glucose
Glucose (Traubenzucker), die häufigste Zuckerart, ist in den meisten Pflanzen und ihren Früchten sowie im Honig enthalten. Glucose ist ein Einfachzucker und am Aufbau vieler Mehrfachzucker (Rohrzucker, Milchzucker, Zellulose, Stärke, Pektine) beteiligt. Das menschliche Blut sollte stets einen konstanten Wert von etwa 0,1 Prozent Glucose aufweisen. Ein plötzliches, starkes Absinken des Blutzuckergehalts kann zu Bewußtseinsverlust führen, da das Gehirn auf die Versorgung mit Blutglucose eingestellt ist. Ein chronisch erhöhter Blutzuckergehalt ist das Symptom für Diabetes (Zuckerkrankheit).

Glykogen
Glykogen wird auch als »Leberstärke« bezeichnet, weil die Leber, aber auch die Muskeln dieses rasch verfügbare Reservekohlenhydrat, ein Polysaccharid, aufbauen und speichern. Glykogen ist für den Stoffwechsel bedeutsam, sein Gehalt in der Leber hängt von der Ernährung ab.

Guacamole
Guacamole nennt man in Mexiko eine pikante Sauce aus Avocados, die als »Dip«, als Tunke, Verwendung findet und zu verschiedenen mexikanischen Spezialitäten (Burritos, Chimichangas) gereicht wird.
  Für vier bis sechs Personen benötigen Sie:
2 reife Avocados, halbiert und entsteint

etwas Zitronensaft oder Limonensaft
1 Zwiebel, gehackt
Knoblauch, gehackt, Menge nach Belieben
2 geschälte Tomaten aus der Dose oder frische ohne Haut und Kerne, in kleine Stücke geschnitten
1 Messerspitze scharfe Pfefferschoten (Chili/Peperoncini), gehackt, frisch oder aus der Dose (falls Sie es besonders scharf mögen, geben Sie noch eine zweite dazu)
Meersalz, schwarzen Pfeffer aus der Mühle, Petersilie, Schnittlauch oder einen frischen Korianderzweig.

Avocadofleisch und Limonensaft in eine Schüssel geben. Mit einer Gabel zerdrücken, den Rest der Zutaten beigeben und alles mischen. Etwa eine halbe Stunde im Kühlschrank (zugedeckt) ziehen lassen. Diese köstliche Sauce paßt gut zu Crackers oder mexikanischen Nachips (Mais-Chips).

Man kann auch ohne Fleisch, nur mit pflanzlichen Nahrungsmitteln, geschmacklich hervorragende Gerichte zubereiten – Guacamole ist ein gutes Beispiel dafür.

H

Heilfasten
→ Fasten.

Heilnahrung
Gewisse Nahrungsmittel und Zutaten, etwa Gewürze und Kräuter, gezielt als Heilmittel einzusetzen, wird seit Menschengedenken praktiziert. Volksgruppen, die ihre Traditionen bewahren konnten, wie etwa der nordamerikanische Indianerstamm der Navajos oder die Ureinwohner des Amazonasgebiets, liefern uns in dieser Hinsicht eindrückliche Beweise.

In der → asiatischen Küche, besonders in der indischen und → japanischen, wird Nahrung traditionell als Medizin betrachtet.

Die berühmte Mystikerin und Naturheilkundige HILDEGARD VON BINGEN (1098–1179) hinterließ ein bedeutendes Werk, das einen interessanten Einblick in das Wissen über die Heilnahrung und die Naturheilkunde des Mittelalters ermöglicht.

Die Heilkraft des Sauerkrauts beispielsweise erkannte die Volksmedizin bereits vor Jahrtausenden. Auch Pfarrer SEBASTIAN KNEIPP rühmte dessen »außerordentliche Reinigungskraft«, das die innere Hitze nehme, aufräume und alles beseitige, was nicht hineingehört. Einigen Früchten (→ Obst) wird eine ähnliche Wirkung zugeschrieben. Die → orthomolekulare Medizin greift das alte Wissen der Heilnahrung in moderner Form wieder auf.

Hobbys
→ Freizeit.

Hypnose
Die Hypnose, dieser durch Suggestion bewirkte schlafähnliche Bewußtseinszustand, und die in ihrer Nähe anzusiedelnde Autosuggestion erfahren gerade eine Renaissance. Da das → »innere Gewicht« nach anfänglichen Erfolgen plötzlich eine starke Barriere bei der Gewichtsabnahme bilden kann, vermag die Selbsthypnose bei einer erstaunlich großen Anzahl von Übergewichtigen die Bemühungen um Gewichtsabnahme wirkungsvoll zu unterstützen (→ auch Stagnation). Hypnose (Selbsthypnose) wie auch Meditationstechniken, die man zur Unterstützung anwenden will, müssen erlernt werden. Hierzu bieten sich praktische Bücher an wie »*Das große Handbuch der Hypnose*« von WERNER J. MEINHOLD (siehe Literaturverzeichnis).

I/J

»Inneres Gewicht«
Gewichtsprobleme können seelische Ursachen haben – der Volksmund spricht in diesem Fall, wie schon gesagt, von »Kummerspeck«.

Manche Psychologen sehen noch eine weitere Dimension: Sie sind davon überzeugt, daß Übergewicht bei einigen Dicken die Aufgabe eines »Schutzpanzers«, gleichsam die Hülle für ein empfindliches Ich, bilden kann. Dicke vermögen sich auf diese Weise angeblich besser gegen eine ablehnende Umwelt zu schützen oder den täglichen Anfeindungen besser zu begegnen. Übergewichtige Frauen beispielsweise sollen von Geschlechtsgenossinnen gelegentlich bevorzugt behandelt werden, sie stellen keine Konkurrenz oder Gefahr für ihre eigene Lebensbeziehung dar. Außerdem können »stark gebaute« Frauen vor lästigen männlichen Nachstellversuchen und Annäherungsversuchen sicher sein – soweit die Argumente der Seelenforscher. Solche Verhaltensweisen werden gelegentlich als »Flucht ins Fett« bezeichnet.

Was auf der seelischen Ebene zuwenig ausgelebt werde, manifestiere sich körperlich: bei Frauen zum Beispiel in Form einer Überbetonung der Mütterlichkeit (mit üppigen Hüften und starkem Busen), bei Männern in einer behäbigen Figur, um die Männlichkeit zu betonen (oder einen Mangel zu überdecken). In der Fachwelt rätselt man tatsächlich darüber, wie groß der Einfluß solcher unbewußten Gefühle und Verhaltensweisen auf das Übergewicht ist. Diese Vorstellung vom eigenen Körper, die offenbar jeder mehr oder weniger ausgeprägt in sich trägt, wird als »inneres Gewicht« bezeichnet. Frauen, die man in Europa als fettleibig oder beschönigend als üppig bezeichnen würde, gelten in einigen asiatischen und arabischen Ländern heute noch als schön, denn sie sind ein Symbol für den Reichtum und den sozialen Status des Ehemanns. Man signalisiert damit, daß man genug zu essen hat und es sich leisten kann, nicht zu arbeiten.

Ob in unseren Breiten manche Dicke das Ringen um soziales »Gewicht« auf die körperliche Ebene verdrängen? Es ist stark anzuzweifeln, daß Übergewicht in Zukunft ein Mittel sein wird, sich mehr gesellschaftliches Ansehen zu verleihen. Bei modernen Männern wird der »Kreditbauch« immer unbeliebter. Dieser Ausdruck zeigt aber deutlich, daß auch bei uns die Zeit noch nicht weit zurückliegt, als eine »stattliche« Figur auf reichliche Ernährung, also auf Wohlstand und gesellschaftliches Gewicht, hinwies.

Ideale ändern sich, denn der erfolgreiche Mann von heute hat schlank, drahtig und sportlich zu sein, um einer gehobenen Schicht anzugehören, und die Werbung stützt dieses Image kräftig. Was bei den Frauen noch um die Jahrhundertwende zur Schönheit zählte, nämlich ein bißchen Rundlichkeit, wich – bei manchen bis weit in die siebziger Jahre – dem twiggyhaften Mannequin-Ideal. Glücklicherweise werden heute wieder fraulichere Modedamen bevorzugt.

Über die falschen Ideale sprachen wir schon im ersten Kapitel – sie sollen für uns nicht erstrebenswert sein. Unbestritten ist jedoch, daß diejenigen abnehmen sollten, die sich durch die überflüssigen Pfunde in ihrer Lebensqualität beeinträchtigt sehen, ihr Übergewicht als Behinderung oder gar als gesundheitsgefährdend empfinden.

Das »innere Gewicht« trägt neben dem »Spareffekt« des Organismus möglicherweise dazu bei, daß sich nach Wochen stetiger Gewichtsabnahme eine → Stagnation einstellt.

Insulin

Das Hormon Insulin wird in der Bauchspeicheldrüse erzeugt, es regelt den Blutglucosegehalt (Blutzuckergehalt) und beeinflußt den Kohlenhydratstoffwechsel sowie den Fettstoffwechsel im Organismus. Eine ungenügende oder erloschene Insulinproduktion der Bauchspeicheldrüse führt zu Diabetes (Zuckerkrankheit).

Japanische Küche
Reis, Fisch, frische Gemüse und Sojaprodukte, etwa Tofu, sowie → Seetang werden in der traditionellen japanischen Küche oft verwendet. Diese Nahrungsmittel sind ernährungsphysiologisch wertvoll und kalorienarm. Besondere Kochtechniken tragen dazu bei, das Kochgut schonend, leicht und fettarm zuzubereiten. Im modernen Japan kommen aber auch vermehrt Fleisch und Eier auf den Tisch – Milchprodukte eher selten.

Daß Fische als »sashimi« angerichtet werden, hat für uns Europäer einen etwas exotischen Klang. Darunter versteht man fangfrischen Fisch, aber auch Krustentiere und Schalentiere, die man roh verzehrt. Die Fischfilets werden in feine Scheiben geschnitten und kunstvoll dekoriert. Zum Belegen von »sushi« (mit Reis gefüllten Seetangwickeln) nimmt man teilweise ebenfalls rohen Fisch. Diese Besonderheiten sind – wegen möglicher Parasiten in rohem Fisch – nichts für Vorsichtige und nichts für empfindliche Mägen. Bei Ernährungsexperten bestehen darüber geteilte Meinungen. Trotzdem finden »sashimi« und »sushi« eine wachsende Anhängerschaft in den USA und in Europa.

Vom Fisch abgesehen, ist es der hohe Anteil an halbgegartem oder unter Dampf gekochtem Gemüse, → Tofu und Reis, der die japanischen Gerichte leicht und bekömmlich sein läßt. Einen ähnlichen Effekt wie das Dämpfen erreicht das langsame Garziehen: Die Produkte werden in heißer, aber nicht kochender Flüssigkeit langsam gegart. Oder Lebensmittel, die sehr fein geschnitten und daher im Nu gar sind, werden einfach mit kochendheißer Flüssigkeit übergossen und sofort serviert. Das in sehr heißem Fett angedämpfte Kochgut, meist Gemüse, umschließt sogleich ein Fettfilm, wodurch es schonend gegart wird, und die frische Farbe, das Aroma, die Textur – der knackige »Biß« – sowie die Nährstoffe bleiben so besser erhalten. Zum Nachtisch wird häufig Obst angeboten – die japanische Küche zieht Fruchtzucker dem Fabrikzucker vor.

Der Erfolg der asiatischen, vor allem der japanischen Küche in den USA und in Europa läßt sich nicht nur mit einer »Modewelle« erklären. Natürlich bietet das Neue und Fremdartige einen gewissen Reiz, doch hängt ihre Beliebtheit auch mit ihrer Bekömmlichkeit zusammen.

Eine Spezialität der japanischen Küche verdient es noch, hervorgehoben zu werden: Einige der → Seetangarten schätzt man wegen ihres hohen Gehalts an Mineralstoffen und Vitaminen (sie liefern Jod, Eisen, Kalzium, Phosphor, Magnesium, Vitamin C und die Vitamine der A-Gruppe, B-Gruppe und E-Gruppe) besonders. So wird etwa eine »kombu« genannte Braunalgenart als Beilage gereicht oder Suppen und Gemüsen beigegeben.

Jogging (Laufen)
→ Fitneß.

Jo-Jo-Effekt
Der Organismus hat, wie schon erwähnt, die Fähigkeit, bei verminderter Nahrungsaufnahme auf »Sparflamme« zu schalten. Nach Abbruch oder Beendigung einer Diät schnellt das Gewicht wegen der dann wieder erhöhten Nahrungszufuhr in die Höhe, und der Organismus wird stark belastet. Die durch Abmagern und Zunehmen hervorgerufenen ständigen Gewichtsveränderungen werden, wie bereits gesagt, nach neuesten Untersuchungen als ebenso schädlich wie das Übergewicht selbst betrachtet (→ auch Fettzellen).

K

Kaffee
In vielen Ländern zählt Kaffee zu den beliebtesten Getränken – weltweit werden täglich ein paar hundert Millionen Tassen getrunken. Obwohl bekanntlich das → Alkaloid Koffein als Kreislaufgift (das im übrigen auch im schwarzen Tee enthalten ist) wirkt, hält man den täglichen Konsum von ein bis zwei Tassen Kaffee bei gesunden Erwachsenen allgemein für unbedenklich.

Wer täglich mehrere Tassen Kaffee mit zwei Stück Zucker und mit Sahne trinkt, nimmt während eines Jahres leicht mehr als zusätzliche 50 000 Kalorien zu sich, und dies entspricht – bei einem angenommenen durchschnittlichen täglichen Kalorienbedarf von 3000 Kalorien – der Energiemenge von mehr als 16 Tagen. Freilich ist diese Rechnung wegen verschiedener weiterer Einflüsse auf den Energiehaushalt nur bedingt gültig. Dennoch lohnt es sich, liebgewonnene Gewohnheiten zu überprüfen. Wer manchmal zuviel Kaffee trinkt, kennt die unangenehmen Begleiterscheinungen: Nervosität, Herzklopfen, erhöhte Magensaftsekretion und Magenbrennen, gefolgt von Müdigkeit. Bei übermäßigem Konsum besteht außerdem Verdacht auf negative Auswirkungen auf die Funktion der Bauchspeicheldrüse.

Personen mit Magenleiden und Darmbeschwerden müssen oft auf Kaffee verzichten oder zumindest den Konsum einschränken, weil sie die Röststoffe und die Säuren im Kaffee schlecht vertragen.

Kaffee wird nicht selten monokulturell in großen Plantagen angepflanzt, was im allgemeinen den Einsatz von Düngemitteln und Schädlingsbekämpfungsmitteln nach sich zieht. Schon dieser Umstand sollte Grund genug sein, beim Kaffeegenuß Zurückhaltung zu üben.

Kalorien (Joule)

Der Energiewert oder Brennwert eines Nahrungsmittels wurde früher in Kilokalorien (kcal) pro Gramm gemessen, die gesetzlich vorgeschriebene internationale Einheit lautet nun Kilojoule (kJ) pro Gramm, wobei 4,1868 Kilokalorien einem Kilojoule entsprechen. Aus praktischen Gründen behalten wir in diesem Buch die Kilokalorie bei. (Eine Kilokalorie entspricht derjenigen Wärmemenge, die notwendig ist, um einen Liter Wasser von 14,5 auf 15,5 Grad Celsius zu erwärmen.) Ein Gramm Kohlenhydrate und ein Gramm Eiweiß liefern etwa 4 Kilokalorien, ein Gramm Fett erbringt hingegen etwa 9,3 Kilokalorien. *Umgangssprachlich gibt man den Energiewert von Nahrungsmitteln in »Kalorien« an, meint aber Kilokalorien (auch in diesem Buch).*

Kalorientabelle

Zum → bewußten Essen gehört auch, sich über die Zusammensetzung und den Energiewert der Nahrungsmittel zu informieren. Prägen Sie sich deshalb die Werte der kalorienreichsten Nahrungsmittel ein, etwa von Fleisch mit hohem Fettanteil (Speck, Koteletts), den meisten Würsten, Mayonnaise, Pommes frites, Kartoffelchips, Alkoholika, Süßigkeiten (Kuchen, Gebäck, Schokolade und Eiscreme).

Gerundete Werte pro hundert Gramm (verschiedene Herstellerangaben):

Milchprodukte, Eier	kcal	kJ
Vollmilch	67	280
Milchdrink	57	240
Rahm	330	1390
Kaffeerahm	160	670
Butter	760	3190
Butter light	480	2020

	kcal	kJ
Joghurt	75	315
Früchtequark, mager	90	380
Früchtequark light	65	270
Früchtejoghurt	90	380
Früchtejoghurt light	52	220
Hartkäse, fett	415	1740
Weichkäse (60 % Fett i. Tr.)	360	1510
Schmelzkäse light, 1 Scheibe	32	135
Ei, 60 g	85	355

Fisch, Meerestiere

Forelle	105	440
Süßwasserfisch	80–120	335–500
Dorschfilet	80	335
Lachs	130	545
Hummer, Krebs, Garnelen/Krevetten	80–100	335–420
Thunfisch in Öl (Konserve)	300	1260

Fleisch, Wild, Geflügel

Rindfleisch, mager	170	715
Schweinefleisch, mager	150	630
Schweinefleisch, fett	390	1640
Lammfleisch, mager	150	630
Lammkoteletts	280	1175
Leber	145	610
Niere	140	590
Hase, Reh	120–130	505–545
Hähnchen	130	545
Ente	250	1050
Gans	360	1510
Truthahn	230	970

Wurst, Aufschnitt, Speck

	kcal	kJ
Trockenfleisch	215	905
Wurstwaren	275–330	1155–1385
Leberwurst	350	1470
Wurst light	170	715
Salami	530	2225
Magerspeck	400	1680
Speck, fett	750	3150

Öl und Fett

Margarine	750	3150
Erdnußöl	920	3865
Sonnenblumenöl	820	3445
Distelöl	820	3445
Mayonnaise	760	3190
Mayonnaise light	330	1385

Kartoffeln

Kartoffeln in der Schale	85	355
Pommes frites	380	1595
Kartoffelchips	590	2475
Kartoffelchips, fettreduziert	515	2165

Gemüse

Kopfsalat, Endivien, Chicorée usw.	15–18	65–75
Gurken	10	42
Tomaten, Radieschen	19	75
Peperoni	25	105
Karotten	30	126
Erbsen	85	355
Bohnen	35	147

... *und Übergewicht von A bis Z*

	kcal	kJ
Weiße Bohnen	125	525
Spinat	26	110
Spargel	20	84
Blumenkohl	30	125
Rosenkohl	50	210
Fenchel	50	210
Sauerkraut	25	105
Kohl, Kohlrabi	18–20	75–85
Champignons	20	85
Zwiebeln	45	190
Zuckermais	15	63

Teigwaren, Getreide, Brot

Eierteigwaren	370	1555
Reis	350	1470
Grieß, Weißmehl	345	1450
Haferflocken	380	1595
Weizenkörner	310	1300
Vollkornbrot	230	965
Halbweißbrot	255	1070
Weißbrot	290	1220
Knäckebrot	400	1680
Knäckebrot, 1 Scheibe	40	170
Corn-flakes	390	1640

Obst/Früchte

Apfel	55	230
Banane	100	420
Grapefruit, Zitrone	30	125
Orange	55	230
Pfirsich, Aprikose, Zwetschge	40–45	170–190

	kcal	kJ
Erdbeeren, Himbeeren usw.	35–40	145–170
Kirschen	65	270
Weintrauben	70	295

Alkoholfreie Getränke

	kcal	kJ
Mineralwasser	0	0
Eistee	35–45	145–190
Kaffee mit Rahm und 2 Stück Zucker	50	210
Apfelsaft	45	190
Limonade	40–45	170–190
Limonade light	21	90
Coca-Cola	45	190
Coca-Cola light	2	9
Himbeersirup, verdünnt	70	295
Orangensaft	44	185
Orangensaft light	32	135
Tomatensaft	16	65
Rote-Bete-Saft (Randensaft)	42	180
Karottensaft	33	135
Traubensaft	70	295

Alkoholische Getränke

	kcal	kJ
Wein ca.	70	295
Bier	50	210
Bier light	25	170
Spirituosen, Liköre ca.	330	1470

Desserts, Süßwaren

	kcal	kJ
Zucker	406	1705
Würfelzucker, 1 Stück	15	65

	kcal	kJ
Apfelkrapfen, 1 St. 90 g	350	1470
Praline, 1 St. 10 g	30–40	130–170
Weihnachtsgebäck, 1 St. 10 g	30–40	130–170
Kekse, 1 St. 50 g	150–220	630–920
Berliner Pfannkuchen, 1 St. 50 g	200	840
Schokoriegel, 1 St. 50 g	280	1180
Konfitüre	260	1090
Konfitüre light	150	630
Honig	300	1260
Schwarzwälder Kirschtorte	450	1890
Haselnußtorte	440	1850
Schococreme 125 g	115	485
Schococreme light	62	260
Eiscreme	200	840
Eiscreme mit Schokolade	320	1345
Eiscreme light	110	460
Schokolade	560	2270

Kalorienverbrauch

Über den menschlichen Energieverbrauch sind ausführliche Studien verfügbar. Man geht von einem Grundumsatz und einem Leistungsumsatz aus, um die tägliche Energiemenge, die von der körperlichen Aktivität abhängt, differenzierter berechnen zu können. Addiert man die beiden Werte, erhält man den täglichen Gesamtenergiebedarf.

Alter, Körperbau, Fettanteil und Geschlecht sind für Abweichungen verantwortlich. Kinder und Jugendliche im Wachstum, Schwangere und stillende Mütter haben einen höheren Energiebedarf als ältere Menschen.

Nach den Richtlinien der Deutschen Gesellschaft für Ernährung (DGE) kann man von folgendem Gesamtenergiebedarf (angegeben in Kilokalorien) ausgehen:

Erwachsene	männlich	weiblich
Vorwiegend sitzende Tätigkeit, etwa Büroarbeit, leichte Hausarbeiten	2400–2600	1800–2200
Mittelschwere Tätigkeit, beispielsweise Handwerker, Hausfrau beim Putzen	3000–3300	2400–2800
Schwerarbeit, etwa Maurer und vergleichbare Berufe	3600–3800	
Schwerstarbeit	4000–4200.	

Bei extremen Belastungen, etwa beim Spitzensport (Triathlon, schweren Bergetappen bei Radrennen), kann der Energieverbrauch 5000 Kilokalorien leicht übersteigen.

Wissenswert ist ebenfalls, wieviel Energie für die einzelnen Aktivitäten außerhalb der beruflichen Tätigkeit *zusätzlich* benötigt wird:

30 Minuten Jogging (leichter Dauerlauf)	300 Kilokalorien
60 Minuten Radfahren (gemächlich)	300 Kilokalorien
60 Minuten Spazierengehen	240 Kilokalorien
60 Minuten schreibende Tätigkeit	30 Kilokalorien.

Den Kalorienverbrauch beim Jogging könnte man also mit dem Energiewert einer halben Tafel Schokolade oder von fünf Äpfeln gleichsetzen. Dieser Vergleich soll Ihnen nur einen Anhaltspunkt liefern. In der Praxis ist die Berechnung der Energiezufuhr und des Verbrauchs etwas komplizierter, weil es neben weiteren Einflußgrößen ebenso auf die Zusammensetzung und Kombination der einzelnen Nahrungsbestandteile ankommt.

Karotinoide

Unter diesem Namen faßt man mehrere hundert pflanzliche, meist gelbe bis tiefrote Farbstoffe zusammen, deren volle Bedeutung für den menschlichen Organismus erst in jüngerer Zeit erkannt wurde. Im Pflanzenstoffwechsel wirken Karotinoide im Zusammenspiel mit → Chlorophyllen an der Photosynthese (Umwandlung von Sonnenlichtenergie in chemische Energie) mit. Karotinoide sorgen neben anderen Farbstoffen für eine uns bunt erscheinende Pflanzenwelt. Für das leuchtende Rot der Tomaten und der Hagebutten ist beispielsweise das Karotinoid Lycopin verantwortlich. Die sauerstoffhaltigen Derivate, besonders reichlich im Blattsalat vorhanden, werden als »Xantophylle« bezeichnet. Manche Karotinoide wirken im menschlichen Organismus als Zellschutzfaktor (Bekämpfung von → → freien Radikalen).

Kartoffeln
→ Gemüse.

Kerne (Samen)

Seit langem empfehlen Vertreter der Vollwertbewegung und der Vegetarierbewegung den wohldosierten Verzehr von Kernen beziehungsweise Samen – die moderne Forschung bestätigt deren Nutzen weitgehend. Bedingt durch den großen Anteil (meist 40 bis 45 Prozent) an hochwertigen Fetten mit ungesättigten Fettsäuren, haben sie (→ auch Nüsse) einen bemerkenswerten Energiegehalt – gleichzeitig liefern sie kostbare Proteine und sind gute Quellen für Vitamine, besonders Vitamine der E-Gruppe, Mineralien und essentielle Spurenelemente. Die Wirkstoffe einiger Kerne beziehungsweise Samen finden in der Pflanzenheilkunde (→ Phytotherapie) Verwendung. Schon aus diesem Grund sollten Sie sparsam mit der ernährungsphysiologisch sehr wertvollen, aber eben energiereichen »Zukost« umgehen.

Die bedeutsamen essentiellen Fettsäuren – die Sie bei einer reduzierten Nahrungszufuhr dringend benötigen – führen Sie dem Organismus mit dem Verzehr von Kernen beziehungsweise Samen in der besten, nämlich der ursprünglichen, unverarbeiteten Form zu.

Kürbiskerne – die Samen des Gartenkürbisses – enthalten etwa 28 Prozent Proteine, 44 Prozent Fette, 3,5 Prozent Kohlenhydrate, 14 Prozent Faserstoffe sowie rund 5 Prozent Mineralstoffe und Spurenelemente. Besonders erwähnenswert ist der Anteil der Kürbiskerne an essentiellem Selen, vorausgesetzt, sie stammen aus geeigneter Produktion. Ein paar wohlschmeckende Kürbiskerne (maximal täglich einen Eßlöffel voll) kann man ab und zu knabbern oder sie dem Müsli, dem Frischkornbrei oder dem Gebäck beimischen. Denken Sie an den hohen Energiewert von etwa 530 Kalorien je hundert Gramm. Kürbiskerne enthalten unter anderem den wertvollen Wirkstoff Cucurbitin, der in der → Phytotherapie zur Vorbeugung gegen Blasenleiden und Prostatabeschwerden angewendet wird.

Leinsamen (ungeschälte) haben einen etwas sonderbaren Geschmack, aber mit 50 Milligramm pro 100 Gramm den höchsten Vitamin-E-Gehalt dieser Nahrungsmittelgruppe. Sie eignen sich zu Müsli und Frischkornbrei.

Mohnsamen haben hinsichtlich der → Proteine, → Fette und → Kohlenhydrate eine ähnliche Zusammensetzung wie die Kürbiskerne. Ihr Vitamingehalt ist nicht bedeutend, eher ist noch der beträchtliche Kupferanteil erwähnenswert. Die dekorativen, manchmal fast metallisch glänzenden Mohnsamen verwendet man im → Müsli, zu Gebäck, zum Bestreuen verschiedener Fruchtsaucen und Desserts.

Sesamsamen haben einen etwas höheren Fettanteil als die Mohnsamen (ihr Energiewert beträgt ungefähr 600 Kalorien pro hundert Gramm). Vor allem ein möglicher Selengehalt verdient Beachtung. Sesamsamen eignen sich besonders als Dekoration oder Zutat zu Backwaren (Sesambrötchen) und Fleisch. Auch sie bereichern ein Müsli oder einen Frischkornbrei.

Sonnenblumenkerne weichen bezüglich ihres Gehalts an den wichtigsten Nährstoffen kaum von den anderen Kernen beziehungsweise Samen ab. Mit rund 20 Milligramm je hundert Gramm sind sie jedoch reich an Vitaminen der E-Gruppe. Die angenehm schmeckenden Sonnenblumenkerne kann man roh knabbern oder ohne Fett in der Pfanne anrösten. In Salaten, zu Gemüsen, Reis oder Fruchtsalat schmecken sie ebenfalls vorzüglich.

Kochsalz

Die negative Wirkung eines übermäßigen Konsums von Kochsalz (NaCl, Natriumchlorid, → Mineralstoffe) auf den Organismus ist allgemein bekannt. Erhöhter Salzkonsum über einen längeren Zeitraum – zuviel Salz in den Speisen – kann zu Bluthochdruck, Ablagerungen an den Arterienwänden (mit schwerwiegenden Folgen für Herz und Gehirn) und Wasseransammlungen führen. Der tägliche Salzbedarf ist schwer zu bestimmen, je nach körperlicher Aktivität kann er sehr schwanken. Im Mittel brauchen Erwachsene täglich nur etwa ein bis drei Gramm Natrium und etwa zwei bis fünf Gramm Chlor. Diese Werte werden bei unseren Ernährungsgewohnheiten meist bei weitem überschritten. Vor allem Käse, Pökelfleisch, Räucherfleisch und Wurstwaren, aber auch Fertiggerichte und Fertigprodukte (Saucen, Suppen, gewisse Backwaren) haben einen hohen Salzanteil. Ähnlich wie bei Zucker und Fett kann das Salz also »versteckt« sein. Ein Gramm Kochsalz kann bis zu einem Deziliter Wasser im Körper binden.

Der manchmal erteilte Rat, Salz wegzulassen und den

Speisen vermehrt mit Kräutern und Gewürzen Geschmack zu verleihen, stößt nicht immer auf Gegenliebe, weil man sich an die salzhaltigen Speisen gewöhnt hat.

Interessant ist die Reaktion des Organismus nach einem Früchtetag (→ Obst): Der Körper »braucht« plötzlich weniger Salz – das Verlangen nach gesalzenen Nahrungsmitteln geht zurück. Nach einem Früchtetag kann es geschehen, daß Speisen, die Ihnen bezüglich des Salzgehalts »normal« erschienen, nun versalzen schmecken.

Zur besseren Kontrolle des Salzkonsums verwenden Sie vorzugsweise einen möglichst hohen Anteil an unveränderten oder zumindest schonend behandelten Produkten. Das an Mineralstoffen und Spurenelementen reiche Meersalz ist dem handelsüblichen Kochsalz vorzuziehen. Ähnlich wie beim Verlangen nach zuckerhaltigen oder stärkehaltigen Speisen bestehen hier Hinweise, daß die Ursache des übermäßigen »Salzhungers« bei manchen Übergewichtigen in einer Unterversorgung an Mineralstoffen und Spurenelementen liegt.

Kohlenhydrate

Kohlenhydrate, im wesentlichen in Zucker und Stärke unterteilt, bilden zusammen mit den Fetten und Eiweißen die Betriebsstoffe des Organismus. Als Monosaccharide oder Einfachzucker bezeichnet man die Grundbausteine der Kohlenhydrate, wie sie in Früchten und Honig als Traubenzucker (Glucose), Fruchtzucker (Fructose) und in der Milch (Galaktose) vorkommen. Verbinden sich zwei Einfachzuckermoleküle miteinander, entstehen Disaccharide, beispielsweise die Saccharose, die Laktose in der Milch und der Malzzucker (Maltose) im Getreide. Verbinden sich ein Dutzend bis Tausende von Einfachzuckermolekülen, entstehen die hochmolekularen Polysaccharide, wie die pflanzliche Stärke und das → Glykogen.

Raffinierter, weißer Kristallzucker (Saccharose, Rohrzucker oder Rübenzucker), wie man ihn üblicherweise im Haushalt verwendet, enthält fast 100 Prozent Kohlenhydrate – Schokolade dagegen etwa 55 bis 58 Prozent, Obst 12 bis 17 Prozent.

Wichtigste Lieferanten pflanzlicher Stärke sind die Teigwaren mit einem Gehalt an Kohlenhydraten von etwa 75 Prozent. Weißbrot besteht zu etwa 51 Prozent, Vollkornbrot und Schwarzbrot zu etwa 49 Prozent, getrocknete Sojabohnen zu 34 Prozent, Kartoffeln zu 18 Prozent und Erbsen zu 17 Prozent aus Kohlenhydraten. Stärke ist ein langanhaltender Energiespender, weil der Organismus sie zuerst in eine zur Aufnahme geeignete Form umbauen muß.

Kohlenhydrate sind für das Herz und die Muskeln, für die Zellen des Gehirns und des Nervensystems lebenswichtig. Einen Überschuß an Kohlenhydraten vermögen Muskeln und → Leber als → Glykogen zu speichern. Von dort aus steht das »Reservekohlenhydrat« Glykogen (»Leberstärke«, tierische Stärke) als rasch mobilisierbare Energiereserve zur Verfügung. Ebenso können Kohlenhydrate zu Fett umgewandelt werden.

Kollath, Werner

WERNER KOLLATH (1892–1970), der Arzt und Ernährungsforscher, forderte – ähnlich wie MAX BIRCHER-BENNER – aufgrund klinischer Erfahrungen eine an »naturbelassenen«, also möglichst viel rohen und schonend behandelten Lebensmitteln reiche Ernährungsweise. Er gilt als Mitbegründer der Vollwertbewegung. Seine berühmteste Empfehlung ist wohl das → Frischkornmüsli oder der Frischkornbrei. Man stellt es aus frisch geschrotetem oder gequetschtem Getreide, Kernen, frischem Obst, Nüssen, wahlweise Quark, Joghurt oder Milch und Honig oder Obstdicksaft (beispielsweise Birnendicksaft) zusammen.

Kräutertee

Wohlschmeckende Tees bietet der Fachhandel in großer Zahl. Altbewährte Mischungen, die auf sanfte Art entwässern und entschlacken, werden wiederentdeckt. Sehen Sie sich in einem Reformhaus oder einer Drogerie um. Seien Sie aber vorsichtig und trinken Sie keinesfalls größere Mengen eines Kräutertees über einen längeren Zeitraum. Denn Wirkstoffe aus Heilpflanzen, längere Zeit und im Übermaß zugeführt, können unerwünschte Reaktionen hervorrufen. Als Abwechslung zu Mineralwasser lassen sich die in der Regel unbedenklichen Früchtetees (Hagebuttentee, Apfeltee, Vierfruchttee) genießen.

Krebs

Der Begriff »Krebs« faßt sämtliche unkontrollierten und bösartigen Wucherungen veränderter körpereigener Zellen zusammen. Sowohl die Organe (häufig sind Magen, Darm, Haut und Lunge betroffen) als auch Systeme im Organismus (beispielsweise bei Leukämie oder Knochenmarkkrebs) werden angegriffen. In den Industrieländern rückte Krebs inzwischen zur zweithäufigsten Todesursache auf.

Unter den verschiedenen Theorien zur Krebsentstehung wird heute derjenigen einer generellen Störung im Steuermechanismus des Zellkerns – einer gestörten Signalübermittlung in den Zellen – die größte Wahrscheinlichkeit zugebilligt. Normalerweise begrenzt dieser Steuermechanismus die Anzahl der Zellteilungen. Ein intaktes Immunsystem erkennt entartete, wuchernde Zellen sofort und vernichtet sie. Aus diesem Grund ist die Forschung chemischen Substanzen auf der Spur, die das menschliche Immunsystem stärken oder schwächen können. Ferner lassen zahlreiche wissenschaftliche Untersuchungen den Schluß zu, daß die zivilisationsbedingte Mangelernährung (→ Vitamine, → Mineralstoffe und Spurenelemente, → Karotinoide) für die

Krebsentstehung mitverantwortlich ist. Diese Erkenntnis hat die Schweizerische Krebsliga 1991 bewogen, folgende sechs Regeln zu publizieren:

»1. Fettarm essen und Übergewicht meiden.
2. Täglich viel Nahrungsfasern durch Vollkornprodukte.
3. Weniger Gepökeltes, Geräuchertes und Gesalzenes.
4. Nicht zu heiß essen, nichts anbrennen lassen.
5. Viel Vitamine aus frischen Früchten und Gemüsen, besonders Vitamin C (etwa in Erdbeeren, Kartoffeln, Kiwi) und Beta-Karotin (wie zum Beispiel in Aprikosen, Karotten).
6. Viel Gemüse essen mit wahrscheinlich krebshemmenden Wirkstoffen: Brokkoli, Mangold, Blumenkohl, Rot- und Weißkohl, Kohlrabi, Rosenkohl.

Noch gibt es keine Diät, mit der man Krebs mit absoluter Sicherheit verhüten kann. Beachten Sie jedoch die sechs Regeln, so vermindern Sie Ihr Risiko, an Krebs zu erkranken.« (Zitat mit freundlicher Genehmigung der Krebsliga wiedergegeben.)

Kummerspeck
→ Gewichtsprobleme.

L

Laotse
Über das Leben und Wirken des auch »Lao Zi« genannten chinesischen Philosophen melden die verschiedenen Quellen Widersprüchliches. Manche Sinologen sind der Meinung, er habe im sechsten Jahrhundert vor Christus gelebt. Andere Angaben deuten auf das vierte oder dritte Jahrhundert vor Christus hin. Laotse gilt als Begründer des → Taois-

mus. Ihm wird auch das Werk »Taoteking«, eine Aphorismensammlung, zugeschrieben.

Lebensfreude

Essen hat nicht allein die zweckorientierte Komponente bloßer Energieaufnahme, sondern gutes, die Sinne befriedigendes Essen ist lebensnotwendig. Der Volksmund kennt ein Sprichwort dafür: »Gut essen und trinken hält Leib und Seele zusammen.«

Zu große Einschränkungen bei der Ernährung wirken aufgrund des uns innewohnenden Genußbedürfnisses kontraproduktiv, daher verzichtet diese Methode der Akupressur auf Verbote. Sie werden aber bald einige kalorienreiche Speisen ohne Verlangen weglassen können, weil Sie aufgrund Ihrer Erkenntnisse bewußter essen und die Nahrungsaufnahme bewußter erleben.

Der Gedanke an einen gesunden, schlanken und leistungsfähigen Körper wird sich in Ihrem Inneren verankern – die Gewichtsabnahme und die Vorstellung von Ihrem zukünftigen, stabilen Gewicht verschaffen Ihnen ein neues Lebensgefühl.

Das bessere Aussehen, ein erhöhtes Wohlbefinden und die gesteigerte Leistungsfähigkeit durch Entlastung von Herz und Kreislauf, unterstützt durch etwas Sport und Gymnastik, werden Sie für die Einschränkungen beim Essen mehr als entschädigen. Fortschritte sind wichtig, weil sie immer wieder neu motivieren.

Leber

Die etwa anderthalb Kilogramm schwere Leber ist die größte Drüse unseres Organismus und hat neben der Entgiftung des Blutes noch andere Aufgaben zu erfüllen. Einerseits übernimmt sie verschiedene Ausscheidungsvorgänge und Abbauvorgänge, andererseits ist sie für die Speicherung bedeutender Substanzen, wie etwa des → Glykogens, verantwortlich (→ auch Kohlenhydrate). Die Leber enthält ein arterielles und ein venöses Kapillarnetz. Außerdem hat sie die Fähigkeit, sich bis zu einem gewissen Grad, beispielsweise nach einer infektiösen Gelbsucht, zu regenerieren.

Eine Leberverhärtung (Zirrhose), begleitet von einer Einschränkung der Funktionen, kann durch eine chronische Lebererkrankung, doch ebenso durch exzessiven Alkoholkonsum über längere Zeit entstehen.

Bei Männern liegt die kritische Grenze zwischen vierzig und sechzig Gramm reinen Alkohols täglich (das entspricht einer Menge von etwa fünf bis sieben Deziliter Wein), bei Frauen erheblich tiefer. Nicht nur das geringere Körperflüssigkeitsvolumen und die absolut und relativ kleinere Leber der Frau, sondern auch geschlechtsbedingte Unterschiede im Stoffwechsel betrachtet man als dafür verantwortlich (→ auch alkoholische Getränke).

»Light«-Produkte

In ständig steigender Zahl bietet der Markt mit »light« oder »leicht« gekennzeichnete Produkte an, etwa → Süßstoffe, gesüßte Getränke, Nachspeisen, Eiscremes, fettreduzierte Margarine oder Wurstwaren. Kritiker bemerken, diese Produkte würden außer Marktanteilen nicht viel verändern. Außerdem weisen manche Erzeugnisse geschmackliche Mängel auf, so daß Feinschmecker sie nicht wählen.

»Puritaner« schütteln den Kopf »ob des ganzen Unsinns«, wie sie es nennen – nicht ganz zu Unrecht: Denn auch bei der reduzierten Ernährung sollte man weder auf Kohlenhydrate noch auf Fett verzichten, weil der Organismus darauf angewiesen ist. Und gerade dann bedarf es einer ausreichenden Zufuhr von hochwertigen → Fetten und Zuckerarten (→ Zucker). Die Lösung für Gewichtsprobleme ist also kaum im Konsum von »leichten« (»Light-«)Produkten zu suchen. Dennoch können diese bei der vorgeschlagenen Ernährungsumstellung eine gute Hilfe sein und eine sinnvolle Alternative darstellen. Manche Biere mit geringem Alkoholgehalt oder (an tierischen Fetten arme) Wurstwaren sind Beispiele für geschmacklich befriedigende Erzeugnisse.

Lipase

Die Lipase (griechisch »lipos« = »Fett«) ist ein → Enzym, das Fett in Glycerin und Fettsäuren spaltet. Bei der Aufgabe, Fett aus dem Blut abzubauen – beispielsweise nach einer üppigen Mahlzeit –, nimmt sie eine Schlüsselstellung ein. Nach der Spaltung durch die Lipase werden die Bestandteile der Fette in den Fettzellen aufgenommen. Zum Ärger der Übergewichtigen ist der Organismus sehr leicht dazu zu bewegen, Fettdepots anzulegen. Wie man weiß, hütet der Körper einmal vorhandene Fettdepots mit größter Hartnäckigkeit. Manche Forscher vermuten, daß dieser Vorgang, das sofortige Auffüllen der Fettzellen, einen Selbstschutz als Teil einer angeborenen Überlebensstrategie darstellt. Im umgekehrten Fall, also bevor der Organismus die Reserven in den Fettzellen mobilisiert, reagiert er, so scheint es, mit »unfairen Tricks«: wie schon erwähnt, mit Heißhunger oder mit einer Senkung des Energiegrundumsatzes. Der Abbau der Fettdepots im Organismus ist ein komplexer, zum Teil noch ungeklärter Vorgang.

Lipide

Die aus dem Griechischen (»lipos« = »Fett«) stammende Bezeichnung faßt Fette und fettähnliche Stoffe zusammen. Für den Organismus sind vor allem zwei Gruppen von Bedeutung: die Triglyceride (Fette, die der Energieproduktion und der Verarbeitung der Vitamine der A-Gruppe, D-Gruppe und E-Gruppe dienen, → Fette) und das umstrittene → Cholesterin.

M

Magen, Sättigung
Der Magen ist, wie an anderer Stelle erwähnt, ein äußerst anpassungsfähiges Organ. Wird die Nahrungsmenge einige Zeit eingeschränkt, verkleinert er sich – und das Sättigungsgefühl, das teilweise parallel zur Magenausdehnung verläuft, stellt sich schneller ein.

Die regelmäßige Einnahme magenfüllender Präparate kann daher zu einer unerwünschten Ausdehnung des Magens führen. Als mögliche Folge benötigt das Verdauungsorgan ständig größere Nahrungsmengen, um die Sättigungssignale auszusenden (→ auch Faserstoffe, Ballaststoff-Präparate).

Etwa fünfzehn bis dreißig Minuten dauert es, bis beim Essen das Gefühl eintritt, satt zu sein. Ernährungsspezialisten weisen immer wieder darauf hin, genüßlich und langsam zu essen, die Nahrung in Ruhe zu kauen und einzuspeicheln. Besonders Speisen mit hohem Kohlenhydratgehalt (zum Beispiel Vollkornbrot) verdienen es, lange gekaut zu werden. Durch die gründliche Einspeichelung werden Bildung und Sekretion von Enzymen gefördert (→ auch Enzyme). Auf dieser Erkenntnis baut übrigens die Hartbrot-Diät auf, eine Diät, die vornehmlich aus harten Semmeln besteht. Überliefert ist, daß die hungrigen Soldaten in NAPOLEONS Rußlandfeldzug hartes Brot kauen mußten. Man wußte schon damals, daß gründliches Einspeicheln des trockenen Brotes ein wirksames Mittel zur Hungerdämpfung darstellt.

Die Aktivierung der Geschmacksknospen im Gaumen und an der Zunge gehört ebenfalls zum Sättigungsvorgang. Nicht nur der volle Magen, sondern einige psychische Aspekte, etwa angenehme Gesellschaft, eine schöne Tischdekoration und farbenfroh und appetitlich präsentierte Speisen sind ebenso wichtig.

Makrobiotische Ernährung

Eine aus den alten chinesischen Lehren in Japan durch G. OSHAWA weiterentwickelte Form der Ernährung, die sich stark nach den Prinzipien des → Yin und Yang ausrichtet. So werden die Mahlzeiten hinsichtlich des Yin-Status und des Yang-Status der einzelnen Nahrungsmittel zusammengestellt.

Der zehn Stufen umfassende Ernährungsplan beginnt mit Getreide, Seetang, Eiern, Geflügel, Fisch, Obst, Salaten und Kräutertees. Im Einklang mit der geistigen Entwicklung gelangt man nach und nach in die nächsthöhere Stufe, die jeweils immer weniger Nahrungsmittel erlaubt. In der obersten Stufe ist eine reine Getreidekost vorgeschrieben, welche die geistige Entwicklung fördern soll (empfohlen wird nur eine vorübergehende Anwendung). Bei Ernährungswissenschaftlern stößt die Makrobiotik auf Skepsis, besonders wegen der in den oberen Stufen vorgesehenen Einseitigkeit.

Meersalz
→ Kochsalz.

Meerwasser
→ Thalassotherapie.

Mentales Training
→ Denken/Hypnose.

Meridian
→ Akupressur/Akupunktur in Kapitel II.

Milch und Milchprodukte

Einzelne Nahrungsmittel in Mißkredit zu bringen, scheint in Mode zu kommen. Während die Milchwirtschaft sich selbstbewußt auf ihre fünftausendjährige Geschichte beruft (an Euphrat und Tigris fand man bei Ausgrabungen Hinweise, daß man sich schon damals auf die Kuhhaltung verstand) und die Vorteile einer an Milch und Milchprodukten reichen Ernährung aufzeigt, bringen Milchgegner originelle Vergleiche ins Spiel, um die groteske Situation des Menschen als Kuhmilchtrinker zu verdeutlichen. »Haben Sie jemals ein Zebra bei einer Giraffe Milch trinken sehen?« fragen etwa HARVEY und MARILYN DIAMOND. Milch und Milchprodukte enthalten Kasein. Nach Diamond soll dieser zu den Phosphoproteiden zählende Bestandteil der Milch den Verdauungstrakt verschleimen und dessen Selbstreinigungskraft einschränken. (Tatsächlich werden aus Kasein auch Leime hergestellt.)

In einigen mitteleuropäischen Ländern, wie Deutschland, Frankreich, den Niederlanden, der Schweiz und Italien, ist die Milchwirtschaft, besonders die Käseproduktion und deren Export, ein wichtiger volkswirtschaftlicher und damit politischer Faktor. Eine Veränderung oder Verlagerung der Konsumgewohnheiten könnte in diesen Ländern erhebliche strukturelle Probleme auslösen. In den USA ist die Situation ähnlich. Kritiker bemängeln oft die mit Kraftfutter und Medikamenten betriebene Überproduktion (die zum Mißfallen der Steuerzahler teilweise als »Butterberg« eingelagert und später verschenkt wird) und den hohen Verarbeitungsgrad der Milchprodukte. Außerdem haben verschiedene Konservierungsverfahren Einbußen an Vitaminen und Spurenelementen zur Folge. Einzelne Landwirtschaftsbetriebe unternehmen bereits große Anstrengungen, um möglichst rückstandsfreie, umweltgerechte und schonend behandelte Erzeugnisse auf den Markt zu bringen. Denken Sie also auch hier an Ihre Marktmacht als Verbraucher.

Nun seien aber auch die positiven Aspekte genannt: Einige Milchprodukte haben einen hohen kulinarischen Wert und tragen zum Wohlgeschmack und Gelingen einer

Vielzahl von traditionellen Gerichten bei – wer kann sich ein Festmahl ohne die Zutaten Milch, Sahne, Butter und Käse vorstellen? Im Rahmen des bewußten Essens dürfen Sie sich also durchaus ab und zu eine Pizza oder ein anderes beliebtes Gericht mit Milchprodukten leisten.

Darüber hinaus sind Milch und Milchprodukte gute Quellen für leichtverdauliches → Protein, → Kohlenhydrate in Form von Milchzucker, Milchfett und Vitamine (besonders der Gruppen A, D, E, K), Mineralien (besonders Kalzium) und Spurenelemente.

Mineralstoffe und Spurenelemente

Mit »Mineralstoffen« meint man jene anorganischen Verbindungen, die der Organismus zum Aufbau von Körpersubstanzen benötigt, aber nicht selbst herstellen kann, sondern mit der Nahrung aufnehmen muß. Ungefähr zwanzig Mineralien und Spurenelemente (in kleinsten Mengen zugeführte anorganische Elemente) dienen dem Organismus als Baustoffe und Reglerstoffe. Sie ermöglichen Wachstum und Erneuerung des Organismus und lenken die Körperfunktionen.

Bei einem Menschen mit einem Körpergewicht von rund 70 Kilogramm ist das Element Kalzium mit ungefähr 1700 Gramm, Phosphor mit 700 Gramm, Kalium mit 100 Gramm, Chlor und Natrium mit je 70 bis 80 Gramm und Schwefel mit etwa 15 Gramm vertreten.

Mineralstoffe braucht der Organismus in unterschiedlichen täglichen Mengen – von dem in gesalzenen Nahrungsmitteln enthaltenen Chlor beispielsweise sind, wie erwähnt, täglich zwei bis drei Gramm notwendig. Bei unserer meist zu stark gesalzenen Zivilisationskost wird diese Menge sehr häufig überschritten.

An Spurenelementen muß der Organismus im allgemeinen täglich nur einige millionstel oder höchstens ein paar tausendstel Gramm – eben nur Spuren – erhalten. Die Bedeutung der Spurenelemente wird erst seit ein paar Jahrzehnten richtig eingeschätzt. Oft wird die erste Hälfte des zwanzigsten Jahrhunderts als das Zeitalter der Vitamine, die zweite Hälfte dagegen als die Ära der Spurenelemente bezeichnet.

Mineralstoffe und viele Spurenelemente sind also → essentiell, lebensnotwendig, ein völliges Fehlen würde den Tod herbeiführen. Oft genügt schon eine Mangelversorgung, um schwerwiegende Schäden am Organismus hervorzurufen. Ein essentielles Element läßt sich nicht vollständig durch ein anderes ersetzen. Unter den Mineralstoffen und unter den Spurenelementen bestehen häufig Wechselwirkungen. So kann beispielsweise Zink die Kupferaufnahme im Organismus hemmen.

Weil manche Wissenschaftler der Meinung sind, das Leben sei im Meer entstanden, werden Vergleiche zwischen dem Gehalt des Meerwassers und des menschlichen Körpers an Mineralstoffen und Spurenelementen gezogen. Die meisten Spurenelemente des Meerwassers (→ Thalassotherapie, → Solbad, → Seetang) lassen sich ebenfalls in den höheren Organismen nachweisen.

Abgesehen von den in allen Organismen vorkommenden Elementen Kohlenstoff, Sauerstoff und Wasserstoff seien einige Mineralstoffe und Spurenelemente näher beschrieben. (Die häufig vorgenommene Einteilung in Makroelemente und Mikroelemente betrachten manche Wissenschaftler als unberechtigt, sie bleibt hier unberücksichtigt.)

Kalzium, in Milch, Milchprodukten, einigen Gemüsen (Brokkoli, Mangold, Federkohl, Fenchel, Kresse, Spinat, Petersilie) und Eigelb reichlich enthalten, dient, gemeinsam mit Phosphor, dem Aufbau und der Erhaltung der Knochen und der Zähne. Daneben ist der Mineralstoff Kalzium in Zusammenarbeit mit einigen Spurenelementen und Vitaminen an einer Reihe von Abläufen im Organismus beteiligt – etwa an der Übertragung von Nervenimpulsen, an bestimmten Muskelfunktionen und an der Produktion von Hormonen und Enzymen. Fachleute weisen immer wieder darauf hin, daß vor allem Jugendliche und ältere Menschen in den Industrienationen mit Kalzium häufig unterversorgt sind. Bedingt durch falsche Ernährungsgewohnheiten, besonders durch eine erhöhte Zufuhr von Phosphaten, können sich aus latenten Mangelsymptomen schließlich schwerwiegende Knochenkrankheiten entwickeln. Der Organismus älterer Menschen nutzt Kalzium weniger gut aus – der Kalziumstoffwechsel verändert sich. Deshalb sollte man bis ins Alter von etwa 25 Jahren durch eine kalziumreiche Ernährung möglichst viel Knochenmasse aufbauen, damit der Körper über eine Reserve verfügt, die im vorgerückten Alter die Folgen des Knochenabbaus lindert. Zu diesem Zweck werden etwa die sehr kalziumhaltige → Milch sowie Milchprodukte empfohlen. Milchgegner schlagen statt dessen vermehrten Verzehr von → Obst, → Seetang und → Kernen beziehungsweise Samen, besonders Sesamsamen, zur Deckung des Kalziumbedarfs vor.

Von Osteoporose, dem Knochenschwund, sind Frauen häufiger betroffen, weil der Knochenabbau nach der Menopause zunimmt.

Natrium, im Kochsalz mit Chlor verbunden, wird dem Körper in der Regel in einer Überdosis zugeführt. Der Tagesbedarf liegt bei etwa einem Gramm – durch »normale« Kost (Wurstwaren, Fleischwaren, Salzgebäck, Chips, Salzgurken, Ketchup, Mayonnaise) nimmt man schnell das Dreifache bis Vierfache zu sich.

In einem Kräftespiel mit Kalium sorgt das Natrium für einen ausgeglichenen Wasserhaushalt des Organismus. Daneben nimmt es bei Verdauung und Ausscheidung eine Schlüsselstellung ein. Eine Überversorgung mit Natrium kann verschiedene Beschwerden, wie Bluthochdruck, und arterielle Schäden mit schwerwiegenden Folgen (unter anderem der Gehirnfunktionen) mitverursachen.

Chlor erhält der Körper zusammen mit Natrium in Form von Kochsalz in genügender Menge. Gemeinsam mit Natrium und Kalium wirkt Chlor an einer Vielzahl von chemischen Vorgängen mit und findet sich in sämtlichen Zellen, auch im Blut.

Kalium kommt im menschlichen Körper überwiegend in der Interzellularflüssigkeit vor. Einen überdurchschnittlichen Gehalt an Kalium weisen grüne Gemüse (Spinat, Mangold, Brokkoli, Kresse, Petersilie, Rosenkohl), Kartoffeln, Früchte, Dörrobst, Nüsse, Vollgetreide und Champignons sowie Waldpilze auf. Im Austausch mit Natrium ist Kalium grundlegend wichtig für eine einwandfreie Funktion der Nerven. Kalium und Natrium werden oft als Gegenspieler bezeichnet – sie steuern das elektrische Potential in den Körperzellen. Während Natrium die Wasserspeicherung fördert, wirkt Kalium ausschwemmend und entwässernd.

Phosphor, unerläßlich für den Aufbau von Knochen und Zähnen, ist im Skelett zu einem großen Teil an das Kalzium gebunden und erfüllt daneben eine Vielzahl von Funktionen im Organismus. Es ermöglicht den Nervenzellen und den Muskeln die Arbeit und ist für eine Reihe von chemischen Vorgängen verantwortlich.

Durch die moderne Ernährung (Wurst, Fleischwaren, Cola-Getränke, Schmelzkäse, Fertiggerichte mit Phosphatzusatz) werden dem Organismus allgemein zu viele Phosphate zugeführt. Sie können die Aufnahmefunktion des Kalziums einschränken.

Schwefel beteiligt sich an einer Vielzahl von Funktionen und ist vor allem in Nägeln und Haaren reichlich vorhanden. Er findet sich in bestimmten Aminosäuren und in Vitamin B_1. Vollkornprodukte, Gemüse, Eier und Fleisch sind die bedeutendsten Schwefellieferanten.

Magnesium ist für eine Reihe von Enzymreaktionen und für die Muskelfunktion – ebenso für die Herzmuskulatur – unerläßlich. Alkohol und Proteine haben eine abbauende Wirkung auf die Magnesiumvorräte im Organismus. Die Hauptquellen sind Vollgetreideprodukte und Gemüse, besonders Spinat, Petersilie, Zuckermais und Kohlrabi.

Die Bedeutung der Spurenelemente sei kurz am Beispiel des *Jods* aufgezeigt: Noch im neunzehnten Jahrhundert galt der Kropf in einigen jodarmen Alpengebieten – besonders ausgeprägt in einigen Tälern Bayerns, Österreichs, Italiens und der Schweiz – als Volkskrankheit.

Jod war schon im Altertum bekannt, Ergebnisse von Analysen liegen aber erst seit 1819 vor. Kurz vor der Jahrhundertwende erkannte man die Zusammenhänge zwischen der Schilddrüse, ihren Hormonen und der Jodzufuhr durch die Nahrung.

Der Organismus benötigt Jod für den Aufbau der Schilddrüsenhormone Thyroxin und Trijodthyronin. Sinkt die tägliche Jodzufuhr unter ein bestimmtes Minimum, so kann die Schilddrüse als »Jodfalle« nicht mehr genügend Jod aus dem Blut herausfiltern.

Das zuständige Steuerorgan, die Hirnanhangsdrüse (Hypophyse), induziert nun – gleichsam als Notmaßnahme – eine Wucherung der Schilddrüse, um das Jodspeicherungspotential zu vergrößern. Es kann sich ein »Jodmangelkropf« bilden. Bei Kindern besteht bei ungenügender Schilddrüsenfunktion die Gefahr mangelhafter körperlicher und geistiger Entwicklung (mit Schwachsinn, Kretinismus). Aufgrund dieser Erkenntnisse wird dem Kochsalz in manchen Gebieten Jod beigefügt.

Nach lange verschollenen Schriften sollen schon im antiken Griechenland Kropferkrankungen mit jodhaltiger

Meerschwammasche geheilt worden sein. Diese wieder in Vergessenheit geratene Therapie hätte viel Leid und Unglück verhindern können. Besonders reich an Jod sind → Fische, Krustentiere und → Seetang.

Eisen: Schon um 3000 vor Christus hatten die Ägypter Kenntnis von der »stärkenden« Wirkung eisenhaltigen Wassers. Beobachtungen und Erfahrungen, möglicherweise auch der »Instinkt«, müssen die Menschen damals geleitet haben. Den Zusammenhang von Eisenmangel und Blutarmut, die häufig bei Frauen auftritt, wiesen Ärzte erst im neunzehnten Jahrhundert nach.

Eisen ist zur Blutbildung beziehungsweise zur Produktion von Hämoglobin, des roten Blutfarbstoffs, nötig. Damit erfüllt Eisen indirekt ebenfalls eine wichtige Aufgabe bei der Sauerstoffaufnahme.

Überdurchschnittlich viel Eisen (2,5 bis 4 Milligramm pro hundert Gramm) findet sich in den meisten Blattgemüsen, wie Spinat, Mangold, und einigen Kohlarten. Die als Gewürzkraut verwendete Petersilie nimmt mit acht Milligramm Eisen pro hundert Gramm eine Spitzenstellung ein. Besser als die pflanzlichen Eisensalze wird das Eisen tierischer Herkunft vom Körper absorbiert, beispielsweise von Innereien und Fleisch (→ auch Gemüse, Spinat).

Chrom hat Einfluß auf den Glucosestoffwechsel und ist für den menschlichen Organismus → essentiell.

Untersuchungen zur Wirkung des Spurenelements Chrom untermauern die Theorie von der → vitalstoffreichen Kost. Denn sie erbrachten den Nachweis, daß eine chromhaltige organische Substanz für die Aufrechterhaltung der normalen Glucosetoleranz verantwortlich ist. → Insulin regelt den Blutglucosegehalt – das Absinken des Blutzuckerspiegels ist eines der möglichen Signale des Organismus, daß er neue Energie benötigt. Bei manchen Übergewichtigen wird eine herabgesetzte Glucosetoleranz festgestellt. Dies bedeutet, daß der Körper mehr Insulin und mehr Zeit benötigt, um den Blutzuckerspiegel nach einer Aufnahme von Glucose wieder auf normale Werte zu senken.

Manche Wissenschaftler raten deshalb zu zusätzlichen Chromeinnahmen in Tablettenform. Das in Apotheken erhältliche Chrom ist meist aus Weizenextrakten hergestellt. Nahrungsmittel, die überdurchschnittlich viel Chrom enthalten, sind Weizenkeime (→ Vollkornmehl), Leber (Rind, Schwein, Geflügel) und Pfeffer (→ Gewürze).

Kobalt ist ein wichtiger Bestandteil des Vitamin B_{12}. Fehlt es in der Nahrung, können die Enzymproduktion, manche Nervenfunktionen und die Blutzusammensetzung gestört werden. Das essentielle Spurenelement Kobalt kommt vor allem in Lebensmitteln tierischen Ursprungs vor. Meeresfrüchte, wie einige Muschelarten, Fleisch, Innereien, Eigelb und Käse, liefern sehr viel Kobalt. In Rohkakao, Pilzen, verschiedenen pflanzlichen Ölen, Senf, Kaffee, Zimt und Gewürznelken sind (je nach Herkunft) ebenfalls beachtliche Mengen an Kobalt möglich.

Kupfer braucht der Organismus für die Hämoglobinbildung, die Produktion bestimmter Enzyme und komplexe Stoffwechselvorgänge. Ein Kupfermangel kann zu Störungen verschiedener Organfunktionen, zu Stoffwechselstörungen und zu Beeinträchtigungen bei der Glucoseverwertung führen. Als kupferreiche Nahrungsmittel gelten die Innereien von Kalb, Lamm, Rind und Schwein, Austern, Miesmuscheln, je nach Bodenbeschaffenheit auch Kleie, Mohnsamen, Kakao, Hefe, Kaffee und Tee.

Fluor, im Zusammenwirken mit Kalzium für gesunde Knochen und Zähne verantwortlich, wird in einigen Ländern dem Salz oder dem Trinkwasser beigemischt. Es ist in manche Zahnpflegemittel eingearbeitet, da es die Mineralisation der Zähne unterstützt und die Plaquebildung hemmt.

Fluor benötigt der Organismus außerdem zur Wundheilung, ferner beeinflußt es die Eisenresorption günstig. Reichliche Mengen an Fluor weisen Meeresfische (Lachs, Hering, Kabeljau, Schellfisch), Fleisch, Tee, Käse, Soja, Gerste und Weizen auf.

Mangan hat eine essentielle Wirkung auf den Knochenbau und wird vom Organismus zur Produktion von Hormonen und für verschiedene Drüsenfunktionen, ebenso für die Biosynthese von Bindegewebseiweißen (Kollagenen), beispielsweise bei der Knorpelbildung, gebraucht. Außerdem beeinflußt Mangan das Wachstum. Überdurchschnittlich viel Mangan enthalten Löwenzahn, Sauerampfer, Gewürznelken, Ingwer, Zimt und Kardamom, Petersilie und einige Teesorten. Die meisten tropischen Früchte, wie Bananen, Papayas, Mangos und Avocados, sind in der Regel gute Manganlieferanten.

Molybdän wird als eines der Schlüsselelemente für jegliches irdische Leben betrachtet. Als Bestandteil von Enzymen wirkt es bei der Fixierung des Stickstoffs durch Bakterien. Im menschlichen Organismus ist es für eine Vielzahl von Funktionen verantwortlich, etwa für die Herstellung von Enzymen, die regulierend auf die Harnsäure wirken. Gicht wird deshalb gelegentlich mit Molybdänmangel in Verbindung gebracht. Ferner vermutet man, daß Molybdän neben Wechselbeziehungen mit anderen Spurenelementen den Einbau von Fluor in den Zahnschmelz begünstigt. Molybdän ist in Buchweizenmehl, Vollkorn und besonders in der Weizenkleie, einigen Trockenbohnenarten, Schaffleisch und Rinderniere reichlich vorhanden.

Selen ist für das Wachstum und für die Muskelfunktionen, die Zellteilung und für die Enzymproduktion unerläßlich und übt einen starken Einfluß auf den Metabolismus der essentiellen Fettsäuren im Körper aus. Selen galt in den sechziger Jahren als giftig (in Überdosis trifft dies auch zu) und krebsfördernd. Bemerkenswert ist, daß heute eine wachsende Zahl von Wissenschaftlern dem halbmetallischen Element Selen krebshemmende, gewisse Schwermetalle neutralisierende und das Immunsystem stärkende Eigenschaften zuschreibt. Zudem wird Selenmangel in wissenschaftlichen Untersuchungen mit arteriellen Schäden und vorzeitigem Altern in Zusammenhang gebracht.

Der Selengehalt von Nahrungsmitteln zeigt eine hohe Abhängigkeit von der örtlichen Lage oder der Anbaufläche. Getreide von neutralen oder basischen Böden hat beispielsweise einen höheren Selengehalt als solches von sauren Böden. Damit ist einmal mehr auf eindrückliche Weise die Verbindung von einer intakten Umwelt zur gesunden Ernährung hergestellt.

Selen ist ein heikles Element, das durch Verarbeitung abgebaut oder vernichtet werden kann. Eine schonende Lebensmittelbehandlung ist daher wesentlich. Als Beispiele seien der Frischkornbrei oder das → Müsli erwähnt: Dazu werden verschiedene Getreidearten möglichst kurz vor dem Verbrauch geschrotet oder zu Flocken gequetscht. Nüsse, besonders Paranüsse, Sesamsamen, einige Muschelarten (zum Beispiel Miesmuscheln), Innereien, Fleisch, Hülsenfrüchte, Vollkorngetreide und Spargel – vorausgesetzt, die einzelnen Nahrungsmittel stammen aus geeigneten Böden beziehungsweise aus möglichst artgerechter und naturnaher Tierhaltung – sind vorzügliche Selenlieferanten.

Silizium wird mit der Nahrung in Form von Kieselsäure aufgenommen. Für den Aufbau von Knochen, Bindegewebe und für die Knorpelbildung ist es unentbehrlich, ebenso für wichtige Funktionen beim Wachstumsprozeß und bei der Blutbildung. Gerste, Hafer, aber vor allem brauner, unpolierter Reis gelten als reich an Silizium. Einige → Mineralwässer können ebenfalls einen erhöhten Siliziumgehalt aufweisen.

Zink beeinflußt die Synthese von Nukleinsäuren, Proteinen, Kohlenhydraten und Lipiden im Organismus. Eine ungenügende Zinkzufuhr kann zu Wachstumsstörungen und Schäden bei der Gehirnentwicklung an Föten und Säuglingen führen. Für die Haut ist Zink ebenfalls bedeutsam. Zinksalben werden seit langem zur Wundheilung verwendet. Innereien, wie Leber und Nieren, Fleisch, weiße Bohnen und Roggenkeime, sind sehr zinkhaltig.

Arsen gilt in hohen Konzentrationen als Gift, aufgrund von Versuchen über das Wachstum von Ziegen und Hühnern betrachtet man es in Spuren aber für Tiere als essentiell. Die Wirkung auf den menschlichen Organismus bedarf genauerer Untersuchungen. Allerdings bestehen Hinweise, daß Arsen zusammen mit Selen wichtige Schutzfunktionen für die Zellen wahrnimmt.

Im menschlichen Körper befinden sich noch weitere Spurenelemente, deren Wirkungen im Organismus noch nicht geklärt sind oder deren Essentialität vermutet wird. Zu ihnen gehören Zinn, Nickel, Vanadium, Brom, Kadmium, Strontium, Blei und Silber.

Die Kost unserer modernen Zivilisation stellt die Elemente Selen, Kupfer, Eisen und Magnesium oft nur in ungenügender Menge zur Verfügung. Außerdem besteht eine Vielfalt von Wechselwirkungen zwischen den essentiellen Spurenelementen und auch mit anderen Bestandteilen der Nahrung. So wurden beispielsweise Einflüsse von Zink auf die Absorption von Eisen anhand wissenschaftlicher Untersuchungen bewiesen. Ferner kann Zink die Kupferaufnahme im Organismus hemmen.

In unseren Lebensmitteln, besonders den pflanzlichen, finden sich sehr unterschiedliche Konzentrationen von Spurenelementen. Oft zeigt sich, wie für Selen schon erwähnt, eine starke Abhängigkeit von der örtlichen Lage oder der Anbaufläche.

Mineralstoffpräparate
→ Vitaminpräparate.

Mineralwasser

Mineralwasser entsteht auf natürliche Weise im Erdinnern. Regenwasser reichert sich in den Tiefen des Gesteins mit → Mineralstoffen und Spurenelementen an. Dieser Vorgang kann Jahrzehnte in Anspruch nehmen.

Mineralwasser untersteht der Lebensmittelgesetzgebung – es muß den hygienischen Anforderungen genügen und kann durch künstliche oder durch natürliche Quellen gewonnen werden. Gemäß einer Pressemitteilung der Schweizerischen Stiftung für Konsumentenschutz aus dem Jahr 1990 ist der Unterschied bezüglich des mineralischen Gehalts zwischen Mineralwasser und Leitungswasser oft gering, besonders in einem Gebiet mit Quellwasserversorgung.

Da ein Übermaß an Natrium, besonders für Übergewichtige und Personen mit Bluthochdruck, nicht zu empfehlen ist, sollten Sie auf natriumarmes Mineralwasser achten. Bei einem Anteil von 120 Milligramm Natrium pro Liter gilt ein Mineralwasser als natriumarm, als obere Grenze werden 150 Milligramm pro Liter betrachtet.

Die Mineralien Magnesium und Kalzium sind bei reduzierter Nahrungsaufnahme dagegen hochwillkommen: Ein Gehalt von etwa 70 Milligramm Magnesium pro Liter Mineralwasser wird als guter Mittelwert erachtet. An Kalzium sollte ein Liter Mineralwasser etwa 300 bis 500 Milligramm enthalten.

Geeignetes Mineralwasser kann der mangelhaften Zufuhr von Mineralstoffen und Spurenelementen bei reduzierter Nahrungsaufnahme wirkungsvoll vorbeugen – außerdem füllt Wasser den Magen »zum Nulltarif« und ist kalorienfrei. Einige bekannte Mineralwässer haben eine starke Wirkung auf die Nierenfunktion und die Harnausscheidung – und unterstützen so Ihr Streben nach Gewichtsabnahme.

Mittagessen
(→ auch Ernährungsregeln, Kapitel III) Im Hinblick auf die Körperrhythmen wird allgemein dazu geraten, die Hauptmahlzeit mittags einzunehmen, weil der Organismus etwa nach zwanzig Uhr eher dazu neigt, Fettreserven anzulegen. (Wie schon gesagt, kann der Körper überschüssige Proteine und Kohlenhydrate in Fette umwandeln.)

Mond
Durch das Zusammenwirken von Gravitationskräften und Fliehkräften bei den Bewegungen von Mond und Erde entstehen Einflüsse, die sich zum Beispiel durch die Gezeiten der Meere äußern. Bei einer bestimmten Stellung von Sonne und Mond zueinander können sich die Zugkräfte bei Neumond und Vollmond erheblich verstärken und bei ungünstiger Wetterlage (Sturm mit entsprechender Windrichtung) zu den gefürchteten Springfluten führen. Bei Halbmond hebt die Sonne einen Teil der Zugkraft des Mondes auf, es bleibt bei den schwachen Nipptiden.

Die Umlaufbahn des Erdtrabanten ist leicht elliptisch, und die Entfernung zwischen dem Mittelpunkt der Erde und dem des Mondes schwankt während eines Umlaufs ungefähr zwischen 407 000 (Apogäum) und 356 000 Kilometern (Perigäum). Auf welche Weise die Gravitation – die Anziehungskraft – des Mondes auf den Menschen wirkt, ist bei den Wissenschaftlern noch umstritten. Es bestehen jedoch Hinweise, daß dieselben Kräfte, die Ozeane bewegen, auch Zellen im Organismus beeinflussen können. Ob bei Vollmond vermehrt Unfälle und Verbrechen passieren? Jedenfalls gingen einzelne Polizeireviere in größeren Städten dazu über, bei Vollmond die Einsatzkräfte zu verstärken.

Personen mit entsprechender Disposition reagieren bei ungünstiger Mondkonstellation mit erhöhter Unruhe und Reizbarkeit. Andere haben Mühe mit der Disziplin beim Essen und Trinken.

Wer bei Mondfühligkeit Schwierigkeiten hat, kontrolliert zu essen und zu trinken, arbeitet an diesen Tagen etwas länger an den Suchtpunkten und den Punkten der »göttlichen Gleichmut« unterhalb der beiden Knie.

Müsli, Frischkornbrei
Zubereitung mit Zutaten aus biologischem Anbau pro Person:
3 Eßlöffel Getreidemischung aus Weizen, Roggen, Gerste und Hafer
1 Eßlöffel Hirse
1 Eßlöffel Weizenkleie
1 Eßlöffel Sultaninen
1 ½ Deziliter Wasser, Milch nach Belieben
100 Gramm eingeweichtes Dörrobst, etwas Zitronenschale.
Das kurz vor dem Verbrauch in einer Handgetreidemühle geschrotete Getreide wird in das siedende Wasser gegeben und etwa fünf Minuten gekocht, dann die Sultaninen hinzufügen. Die Mischung mehrere Stunden bei Zimmertemperatur ziehen lassen. Vor dem Servieren mit der Milch und dem Dörrobst vermischen.

Geschmack und Konsistenz des Frischkornbreis entsprechen vielleicht nicht jedermanns Vorstellung – Getreideflokken sind beliebter und schmecken auch Kindern gut. Um sie »nach allen Regeln der Kunst« herzustellen, benötigen Sie allerdings eine Handquetsche (die das Reformhaus anbietet). Falls Sie sich das Gerät nicht anschaffen möchten, können Sie auf eine fertige zuckerfreie Müslimischung ausweichen. Das folgende Grundrezept läßt sich durch verschiedene Zutaten reich variieren:

Frischkornmischung kurz vor dem Verbrauch auf der Quetsche zu Flocken verarbeiten, gewünschte Zutaten hinzufügen, mit etwas heißem Wasser oder Milch etwa 15 Minuten quellen lassen – Sie können die Mischung auch am Vorabend zubereiten und über Nacht ziehen lassen. Nach Belieben mit weiteren Beigaben, wie Milch, Joghurt, Honig, Fruchtsaft, Fruchtdicksaft (von Birne oder Apfel), Quark, Obst (Dörrobst, Beeren, exotischen Früchten), → Kernen beziehungsweise Samen und → Nüssen (Sonnenblumenkernen, Kürbiskernen, Sesamsamen, Haselnüssen, Walnußstückchen – nur in kleinen Mengen, höchstens ½ bis 1 Eßlöffel pro Tag), vermischen.

Am besten probieren Sie die möglichen Varianten aus und beobachten – im Sinne der bewußten Ernährung – die jeweilige Wirkung auf Ihren Organismus. Die längere Sättigungszeit, die auf eine Müslimahlzeit folgt, wird Sie vielleicht in Erstaunen versetzen. Außerdem stellt sich, bedingt durch die Zufuhr von Vitaminen, Mineralstoffen und Spurenelementen, eine nachhaltige Vitalisierung, verbunden mit schöneren Nägeln, einem gleichmäßigen Hautbild und gesünderem Haar, ein.

N

Nahrungsmittel
Häufig werden die Nahrungsmittel nach der Hauptfunktion ihrer Inhaltsstoffe in zwei Hauptgruppen eingeteilt: die energieliefernden – sie enthalten → Fette, → Kohlenhydrate und/oder, auch als Aufbaustoffe, → Proteine (Eiweiße) – sowie die nicht minder wichtigen energiefreien Nahrungsmittel, die → Vitamine, → Mineralstoffe, Spurenelemente und → Faserstoffe (Ballaststoffe) aufweisen. Die Reformbewegung prägte den Ausdruck → Vitalstoffe.

Nüsse

Nüsse definiert man botanisch als Schließfrüchte mit hartem Gehäuse, das meist nur einen Samen umgibt. Für unsere Ernährung sind die proteinreichen sowie an hochwertigen Fetten und → Vitalstoffen reichen einheimischen Haselnüsse und Walnüsse von Bedeutung. Für die jeweiligen Produktionsländer haben die tropischen Kokosnüsse und Cashewnüsse großes wirtschaftliches Gewicht. Einige Nußarten dienen als Rohmaterial für hochwertige Speiseöle, die man Salaten, Backwaren oder dem → Müsli beigibt.

Besonders der Verzehr von rohen Nüssen ist zu empfehlen. Dadurch nehmen Sie die essentiellen Fettsäuren, die Sie gerade in einer Phase der reduzierten Ernährung sehr benötigen, in natürlicher Form zu sich. Die Lagerfähigkeit der Nüsse ist verschieden. Kaufen Sie stets nur kleine Mengen und nur frische, erstklassige Ware, da einige Nußarten anfällig gegenüber Schimmelbefall sind. (Einige Schimmelpilze entwickeln Gifte, sogenannte Aflatoxine; hohe Konzentrationen davon können zu Tumorbildung führen.)

O

Obst

Obst gehört zu den wertvollsten Nahrungsmittelgruppen, es ist reich an Vitaminen und Mineralstoffen. Besonders kostbar sind seine bekömmlichen Zucker (Fruchtzucker, Traubenzucker), die Aminosäuren und die Fruchtsäuren sowie die Aromastoffe. Obst, ein Sammelbegriff für alle Arten von eßbaren Früchten, bedeutet im Althochdeutschen »Zukost«.

Kernobst, wie Äpfel und Birnen, gehört ebenso dazu wie das Steinobst, zum Beispiel Pfirsiche, Pflaumen und Aprikosen, und Beerenobst, etwa Erdbeeren, Johannisbeeren und Himbeeren. Die Vielzahl der exotischen oder tropischen Früchte darf in dieser Aufzählung nicht fehlen, beispielsweise Ananas, Bananen, Kakis, Maracujas, Papayas und Kumquats, sowie die vornehmlich aus Südeuropa, Florida und Israel stammenden Zitrusfrüchte Zitronen, Limonen, Mandarinen, Orangen und Grapefruits. Schließlich werden auch die → Nüsse sowie die → Kerne und übrigen Samen als Schalenobst dazugerechnet. Für den täglichen Genuß empfehlen sich sämtliche Obstarten, lediglich auf genügend Abwechslung sollte man achten.

Bereits im Mittelalter wies die Heilkundige HILDEGARD VON BINGEN darauf hin, daß Obst sich hervorragend zur Entschlackung und als Heilnahrung eignet. Die Wissenschaft erklärt diese starke Wirkung auf den Organismus mit seinem Einfluß auf das Säure-Basen-Verhältnis. Während eiweißhaltige Nahrungsmittel (beispielsweise Fleisch, Fisch, Eier, Sojabohnen) zur Säurebildung beitragen, haben die im Obst enthaltenen organischen Säuren die Tendenz, die Basenbildung im Organismus zu fördern.

In Indien, wo der Grundsatz gilt, daß Nahrung Medizin sei, sind die Vorzüge einer obstreichen Ernährung seit langem bekannt. Eine alte indische Regel besagt nämlich, man solle so lange Früchte essen, bis die Ausscheidungen des Organismus nach Früchten röchen, dann erst sei der Körper gereinigt. So weit brauchen Sie aber nicht zu gehen. Versuchen Sie einfach, ab und zu einen Früchtetag einzuschalten, mit Hilfe der Akupressur wird Ihnen dies mühelos gelingen. Nach den indischen Lehren soll man sich dabei den Körperrhythmen anpassen: Der Ausscheidungszyklus etwa beginnt sehr früh am Morgen. Manchmal ein leichtes, für uns Mitteleuropäer unübliches Obstfrühstück entlastet den Organismus in dieser wichtigen Phase. Überprüfen Sie die sofort einsetzende Wirkung an sich selbst, indem Sie hin und wieder den Tag mit Obst beginnen anstatt mit Weißbrot, Konfitüre, Butter, Wurst und Käse. Im Rahmen des bewußten Essens geschieht dies ohne Zwang: Beobachten Sie die Wirkung auf den Organismus, und brechen Sie sofort ab, falls Sie keine Lust mehr auf Obst verspüren.

Besonders *Äpfel* eignen sich für einen Früchtetag (fünf bis zehn Stück pro Tag). Sie sind preiswert und fast überall und ganzjährig in guter Qualität erhältlich, bedürfen keiner Zubereitung, lassen sich problemlos aufbewahren und auch zum Arbeitsplatz mitnehmen. Bitte beachten Sie, daß Obst starke Hungergefühle auslösen kann, die sich mit Hilfe der Akupressur aber bekämpfen lassen.

Pro 100 Gramm Apfel nehmen Sie etwa 85 Gramm Wasser, 0,3 Gramm Eiweiß, 12 Gramm hochwertige Kohlenhydrate, 0,4 Gramm Mineralstoffe, 0,25 Gramm Fruchtsäuren und 12 Milligramm Vitamin C, aber nur 55 Kalorien zu sich. (Je nach Herkunft sind Abweichungen von diesen Angaben möglich.)

Trauben: Weintraubenkuren waren um die Jahrhundertwende beliebt. Der Zuckergehalt der Trauben ist beträchtlich, dennoch eignen sie sich aufgrund ihres reichen Gehalts an Vitaminen und Mineralstoffen hervorragend für einen Früchtetag.

Die *Zitrone* gilt als kalorienarmer Vitaminspender. Sie ist aus der modernen Küche nicht wegzudenken und verleiht vielen Gerichten Wohlgeschmack. Im »Cola-Zeitalter« geriet der »Zitronen-Longdrink« oder, schlichter ausgedrückt, das »Zitronenwasser« etwas in Vergessenheit. Zusammen mit etwas Zitronensaft, aufgefüllt mit Wasser, einem Strauß Waldmeister, einem frischen Pfefferminzblatt oder Melissenblatt und etwas Eis lassen sich im Handumdrehen attraktiv aussehende und gute Durstlöscher herstellen. Ist Ihnen nach einem heißen Getränk zumute, gießen Sie den Zitronensaft mit heißem Wasser auf.

Aus ökologischer Sicht wird der Import tropischer

Früchte wegen des verschwenderischen Umgangs mit den Ressourcen kritisch betrachtet. Außerdem ist die Einflußnahme der Verteilerorganisationen auf die Produktionsweise im Herkunftsland (etwa den Einsatz von Dünger und Schädlingsbekämpfungsmitteln) oft erschwert. Trotzdem bieten *Avocados* (eine Ausnahme unter den Früchten und reich an hochwertigen, ungesättigten Fettsäuren; sie schmecken pikant zubereitet am besten), *Cherimoyas, Kiwis, Litschis, Mangos* und andere tropische Früchte während des Winters eine willkommene Abwechslung und Bereicherung des Angebots. Einige dieser Köstlichkeiten – manche genügen höchsten kulinarischen Ansprüchen – sind wertvolle Quellen für Vitamine, Mineralstoffe und Spurenelemente (so zum Beispiel Bananen).

Bananen enthalten hochwertigen Fruchtzucker und Vitamine der A-Gruppe, E-Gruppe sowie B_1, B_2, B_6 und C, ebenso die Mineralien Kalium, Phosphor, Eisen und Magnesium. Letzteres unterstützt alle Muskelfunktionen, also auch die des Herzmuskels (dies ist vor allem für Sportler bedeutsam). Wie viele tropische Früchte enthalten Bananen zudem das überaus wichtige Mangan (→ Mineralstoffe und Spurenelemente). Seit berühmte Radfahrer und Tennisspieler sich bei ihren Wettkämpfen in den Pausen mit Bananen stärken, ist »die krumme Gelbe« wiederum ins Zentrum des Interesses gerückt. Gegenüber anderen Früchten liegt der Energiewert allerdings etwas höher (hundert Kalorien pro hundert Gramm).

Allgemein sind in erntefrischem Obst, aber auch in → Gemüsen in reichem Maße → Enzyme vorhanden. Enzyme und weitere Wirkstoffe können durch Lagerung oder unsachgemäße Behandlung allerdings rasch abgebaut werden, deshalb empfiehlt es sich, Obst in rohem Zustand, möglichst gleich nach Abnahme von der Pflanze, zu genießen.

Öl
→ Fette.

Oligo-Elemente
→ Mineralstoffe.

Orthomolekulare Medizin
Die orthomolekulare Medizin heilt mit Stoffen, die schon von Natur aus im Körper – beziehungsweise in der Ernährung – vorhanden sind (oder vielmehr sein sollten), deren Anteile im Krankheitsfall jedoch aus dem Gleichgewicht geraten. Dazu zählen → Vitamine, → Mineralstoffe, Spurenelemente sowie → Aminosäuren und Fettsäuren (→ Fette).

Overeaters
Im Englischen gebräuchlicher Ausdruck für Personen, die dazu neigen, die Kontrolle über ihre Nahrungsaufnahme zu verlieren (→ Essen).

P

Phytotherapie (Pflanzenheilkunde)
Das jahrtausendealte Wissen der Menschen erlebt eine Renaissance: Eine wachsende Zahl von Wissenschaftlern wendet sich wieder den Ursprüngen der Heilkunde und den natürlichen Kräften der Natur zu und ist davon überzeugt, daß in der Pflanzenheilkunde ein hohes Entwicklungspotential steckt. Lange Zeit waren nur kleinere, spezialisierte Firmen auf diesem Gebiet tätig, heute bringen Pharmakonzerne durch modernste Verfahren hergestellte pflanzliche Heilmittel auf den Markt, deren Wirkstoffe bei bestimmten Beschwerden und Krankheiten den synthetischen manchmal überlegen sind. Geradezu als Sensation gilt die kürz-

liche Entdeckung der krebsbekämpfenden Wirkung des Taxols (nur bei bestimmten Krebsarten). Dieses → Alkaloid wurde zunächst aus der Pazifischen Eibe *(Taxus brevifolia)* gewonnen – erste Ergebnisse waren ermutigend –, noch wirksamer soll jedoch das der Europäischen Eibe *(Taxus baccata)* sein. Man kann davon ausgehen, daß Tausende pflanzlicher Inhaltsstoffe auf ihre Entdeckung für Heilzwecke warten.

Für den menschlichen Organismus treten, besonders bei Phytotherapeutika mit der Bezeichnung »mite« (moderat wirkenden pflanzlichen Heilmitteln), oft keine oder kaum nennenswerte Nebenwirkungen auf – ein wichtiger Vorteil, dem man wieder große Beachtung schenkt. Im Gegensatz dazu stehen die »Forte«-Präparate mit zum Teil stark wirkenden → Alkaloiden und anderen Giften, die zu Nebenerscheinungen und Sucht oder bei Überdosis zum Tod führen können. Von den mehreren hundert gebräuchlichen Heilpflanzen seien einige beispielhaft herausgegriffen.

Gemäßigte Phytotherapeutika	*Anwendungsgebiet*
Weißdorn	Herzbeschwerden
Kamille	leichte Verstimmung von Magen oder Darm, Entzündungen, Frauenleiden
Pfefferminze	leichte Magenbeschwerden und Darmbeschwerden
Baldrian	Beruhigungsmittel, Schlafmittel.

Starke Phytotherapeutika	*Anwendungsgebiet*
Tollkirsche	kolikartige Schmerzen im Bereich von Magen oder Darm, historisch als Aphrodisiakum (Liebestrank) und in »Hexensalben«; Tollkirsche kann rauschähnliche Bewußtseinsveränderungen hervorrufen.

Schlafmohn, Opium	wirkt analgetisch, als Tinktur bei unstillbarer Diarrhöe, historisch als Heilmittel, Rauschmittel, Schmerzmittel und Zaubermittel, früher eine der wichtigsten Arzneipflanzen.

Während Phytotherapeutika wie Kamille, Pfefferminze und Baldrian altbewährte Hausmittel darstellen, sollte die Verarbeitung und Medikation der starken Phytotherapeutika Pharmazeuten und Ärzten überlassen bleiben.

Phytotherapie und bewußte Ernährung hängen eng zusammen, wenn wir der indischen Auffassung folgen, daß Nahrung gleichzeitig Medizin sei. Denn dann sind die Grenzen zwischen der Ernährung und der Anwendung von Heilpflanzen fließend.

Ein Beispiel dafür liefern uns die erwähnten → Kerne des Gartenkürbisses *(Cucurbita pepo)*, die Sie ab und zu kauen oder Ihrem → Müsli beimischen können. Wie erwähnt, stellen Kürbiskerne eine gute Selenquelle dar – vorausgesetzt, sie stammen von geeigneten Böden. Pharmakologisch von Bedeutung sind außerdem die Stoffe Cucurbitin, verschiedene Phytosterine und weitere. (Wegen der hohen Konzentration von Wirkstoffen sollten → Kerne beziehungsweise Samen und → Nüsse nur in geringen Mengen genossen werden.)

Proteine
Bei diesen hochmolekularen Verbindungen unterscheiden wir zwischen tierischen und pflanzlichen Proteinen (Eiweißen). Käse enthält etwa 25 Prozent Proteine, Fleisch und Fisch etwa 18 bis 20 Prozent, Speisequark 15 Prozent, Milch und Joghurt etwa 3,5 Prozent Proteine.

Reich an pflanzlichen Proteinen sind Hülsenfrüchte, wie

die Sojabohnen mit 34 Prozent Proteinen; Haselnüsse, Baumnüsse und Haferflocken weisen etwa 14 Prozent, Brot, Weißmehl und Teigwaren 8 bis 12 Prozent Proteine auf.

Proteine gehören zu den wichtigsten Baustoffen des Organismus. Sie werden in jeder Zelle, in den Knochen, den Muskeln, den inneren Organen und im Blut benötigt. Bestimmte Proteinverbindungen erfüllen zudem wichtige Funktionen als Reglerstoffe, als → Enzyme und als Hormone.

Proteine bestehen chemisch aus den Elementen Kohlenstoff, Wasserstoff, Sauerstoff, Stickstoff und Schwefel. Sie sind aus über zwanzig verschiedenen → Aminosäuren aufgebaut. Proteinmoleküle sind Ketten mit bis zu Tausenden von Aminosäuren. Unter den Millionen verschiedener Proteinarten verfügt jede Pflanze und jedes andere Lebewesen über seine ganz spezifischen Proteinmoleküle beziehungsweise Aminosäureketten. Nur Pflanzen können Proteine aufbauen, Tier und Mensch müssen sie mit der Nahrung zuführen.

Tierische Proteine werden für unsere Ernährung allgemein als biologisch hochwertiger betrachtet, weil sie den menschlichen im Aufbau ähneln und der Körper sie besser verwerten kann. Den pflanzlichen Proteinen fehlen einige essentielle Aminosäuren, ein ausgewogenes Verhältnis von Nahrungsmitteln pflanzlicher und tierischer Herkunft gleicht diesen Mangel aus. Getreideprodukte in Kombination etwa mit Hülsenfrüchten, wie Bohnen und Linsen, anderen Gemüsen oder mit → Nüssen und gewissen → Kernen beziehungsweise Samen (wie Sesamsamen) können einander ergänzen und den biologischen Wert der verschiedenen Proteine erhöhen.

R

Reformprodukte
In vielen Reformhäusern, Naturkostläden oder in Reformabteilungen von Warenhäusern erhalten Sie ausgewählte Produkte und fachkundige Auskunft über eine vitalstoffreiche und faserstoffreiche Ernährung, manche verfügen über eine Bücherecke. Sehen Sie sich das Sortiment – vor allem auch im Hinblick auf Getreide für den Frischkornbrei und für verschiedene Müsli – an Kernen beziehungsweise Samen, Nüssen und Früchten an. Getreidemühlen und Quetschen werden ebenfalls dort angeboten.

Rohkost
Die Bezeichnung »Rohkostplatte« für eine Salatplatte hat sich in zahlreichen gastronomischen Betrieben eingebürgert. Der Begriff »Rohkost« wurde ursprünglich auf eine Ernährungsphilosophie angewendet, die nur pflanzliche, möglichst »naturbelassene« Nahrungsmittel vorsieht. Manche Erkenntnisse der Rohkostbewegung wurden von den Vertretern der → Vollwertkost übernommen.

Daß man täglich frisches, rohes Obst und Gemüse essen soll, wird durch die moderne Forschung bestätigt. Gelagerte, vorbehandelte, erhitzte, konservierte, raffinierte und denaturierte Nahrungsmittel enthalten wesentlich weniger Vitalstoffe als Frischprodukte.

Und zerkleinerte, vielfach der schützenden Hülle oder Schale entledigte Nahrungsmittel bieten dem zersetzenden Luftsauerstoff eine größere Angriffsfläche als ganze.

Personen, die lange Zeit kein rohes Gemüse gegessen haben, sollten ihren Magen-Darm-Trakt (wegen der Gefahr von Beschwerden) anfänglich mit kleinen Mengen daran gewöhnen, die sie allmählich steigern.

S

Salatsaucen
Die Zubereitungszeit für eine aus frischen Blattsalaten und Wurzelgemüsen bestehende, reichhaltige Salatplatte kann verhältnismäßig lang sein und den Aufwand an Arbeit und Zeit für eine Mahlzeit mit Fleisch, Gemüse und einer weiteren Beilage schnell überschreiten. Glücklicherweise stehen für Vielbeschäftigte Blattsalatmischungen im Supermarkt zur Verfügung, die man ohne viel Mühe nach individuellem Geschmack ergänzen kann. Um zusätzlich Zeit zu sparen, können Sie Salatsaucen in größeren Mengen herstellen und ein paar Tage in einem geeigneten Gefäß im Kühlschrank aufbewahren (vor Gebrauch aufrühren).

Lassen Sie Ihrer Kreativität bei der Wahl der Zutaten freien Lauf, und seien Sie experimentierfreudig: Allein an Ölen (→ Fette) besteht ein reichhaltiges Angebot. Zur Erinnerung sei wiederholt: Die meisten kaltgepreßten Öle liefern uns essentielle Fettsäuren und Vitamine der E-Gruppe. Gerade bei einer reduzierten Nahrungsaufnahme sollten Sie auf eine genügende Zufuhr an hochwertigen Fetten achten. Wenn es schnellgehen soll, können Sie es auch mit einer guten gekauften Salatsauce (mit etwa 15 Prozent Öl) versuchen. Um einer solchen, bereits fertigen Salatsauce Ihre persönliche Note und einen frischen Geschmack zu verleihen, gehen Sie wie folgt vor:

»Salatsauce ultraleicht«
Für vier Personen und für Blattsalat berechnet – für geraffelte Gemüsesalate erhöhen Sie die Mengen um etwa ein Viertel:
4 Eßlöffel Salatsauce
4 Eßlöffel Magerquark
  wenig Meersalz

nach Belieben flüssige Würze, gehackte Zwiebeln, Knoblauch und Kräuter (Petersilie, Schnittlauch, Basilikum).

Falls Sie eine säuerliche, ebenfalls sehr leichte Salatsauce bevorzugen, probieren Sie es mit Joghurt natur:

2 Eßlöffel Zitronensaft
(oder Weißweinessig, Kräuteressig oder Apfelessig)
1 Prise Zucker
etwas Meersalz
eventuell flüssige Würze, Senf, Zwiebeln, Knoblauch und Kräuter nach Belieben
6 Eßlöffel Joghurt natur (light).

Dieser Sauce geben Sie eine mildere Note, indem Sie den Joghurt durch Magerquark ersetzen. Beide Varianten passen ausgezeichnet zu Blattsalat.

Folgende Salatsauce ist im Mixer schnell hergestellt und dient als Grundrezept für unzählige Variationen:

2 Eßlöffel Öl (vorzugsweise kaltgepreßt)
1 Eßlöffel Essig
1 Prise Salz, Pfeffer, eventuell flüssige Würze
2 Eßlöffel saure Sahne, Magerquark oder Mayonnaise light
1 Zwiebel
Knoblauch und Kräuter nach Belieben
1 Prise Zucker (nach Belieben).

Alles zusammen wird gemixt, bis die Zwiebeln und die Kräuter fein gehackt sind. Wenn Sie ein Mehrfaches dieses Rezepts auf Vorrat herstellen, lassen Sie Zwiebeln, Knoblauch und Kräuter weg und fügen diese erst bei Gebrauch jedesmal frisch hinzu.

Für die traditionelle Essig-Öl-Sauce haben Sie eine Vielzahl von Kombinationsmöglichkeiten. Folgendes Grundrezept für vier Personen liefert die Basis dazu:

2 Eßlöffel Essig mit Salz, schwarzem Pfeffer, etwas Senf zusammen glatt verrühren
3 bis 4 Eßlöffel kaltgepreßtes Öl nach Wahl (tropfenweise beifügen, »montieren«, das heißt sämig rühren)
Kräuter, Zwiebeln und Knoblauch nach Belieben.

Wählen Sie nach Belieben unter den nachstehenden Zutaten. Essigsorten: Weißweinessig, Rotweinessig, Apfelessig, Kräuteressig, eventuell ein paar Tropfen Himbeeressig mit Zitronensaft, Aceto antico (im Eichenfaß gelagerter alter Rotweinessig).

Öle: Kaltgepreßtes Sonnenblumenöl, Distelöl, Haselnußöl, Walnußöl, Rapsöl, Sesamöl, Kürbiskernöl, Weintraubenkernöl, Weizenkeimöl, Maiskeimöl und Olivenöle. (Einige Öle verfügen über sehr eigenständige und starke Aromen, die nicht jedermanns Geschmack sind.)

Kräuter: Petersilie, Schnittlauch, Basilikum, Majoran, Thymian, Kerbel, Dill, Liebstöckel, Bohnenkraut, Pfefferminze.

Weitere mögliche Zutaten: Tomatenketchup, Curry, Worcestersauce, Tabasco, Eigelb gekocht, Eigelb roh.

Abschließend sei noch eine italienische Salatsauce vorgeschlagen, die besonders gut zu Tomaten, Salatgurken oder Peperoni paßt:

2 bis 3 Eßlöffel Rotweinessig
  etwas Meersalz, schwarzer Pfeffer aus der Mühle, nach Belieben flüssige Würze
4 bis 5 Eßlöffel Olivenöl
  Zwiebeln, Knoblauch, Kräuter (Basilikum, Petersilie, Schnittlauch, Dill, italienische Kräuterzubereitung aus dem Glas).

Salz
→ Kochsalz.

Sättigung
→ Magen.

Sauna
Der bei einem ausgiebigen Saunagang erzielte Gewichtsverlust stellt sich bald als Wasserverlust heraus, der schnell wieder ausgeglichen ist. Trotzdem ist dieses stoffwechselanregende und Erkältungen vorbeugende Heißluft-Dampf-Bad – richtige Anwendung vorausgesetzt – sehr empfehlenswert. Gegenanzeigen (Herzleiden und Kreislaufleiden) muß man beachten, im Zweifelsfall den Arzt fragen.

Schlankheitsdiät
Das Wort »Diät« hängt mit dem lateinischen »dies«, »Tag«, und der »Tagesration« zusammen. Über dreihundert verschiedene Abmagerungsdiäten wurden bisher allein in deutscher Sprache publiziert. Viele Diäten sind eintönig oder verlangen eine aufwendige Zubereitung. Andere wiederum sind familienuntauglich oder sogar gesundheitsgefährdend, weil sie eine unausgewogene Ernährung vorschreiben. Wer sich bei voller Berufsausübung oder bei der Besorgung des Haushalts mit Kindererziehung über einen längeren Zeitraum mangelhaft ernährt und auf lebensnotwendige → Fette, → Kohlenhydrate, → Proteine, → Vitamine, → Mineralstoffe und essentielle Spurenelemente verzichtet, setzt sich beträchtlichen gesundheitlichen Risiken aus. (Eine Mangelernährung darf nicht mit → Fasten und Heilfasten verwechselt werden.)

Die Erkenntnis, daß »Gewaltkuren« kaum sinnvoll sind, setzt sich allmählich durch. Vom → Jo-Jo-Effekt wurde bereits gesprochen. Die meisten Ernährungsexperten empfehlen statt der zum Teil ausgefallenen Diäten eine energiereduzierte, ausgewogene Mischkost, die zu zehn bis zwanzig Prozent aus Eiweiß, zu etwa dreißig Prozent aus Fett und zu fünfzig bis sechzig Prozent aus Kohlenhydraten besteht. Einen wesentlichen Teil der Nahrung sollen rohes Gemüse und Obst sowie Vollkornprodukte bilden.

Die Gewichtsreduktion ist nur dann zielführend, wenn sie mit einer Änderung der Ernährungsgewohnheiten einhergeht. Abmagerungsdiäten, die nur einige Tage dauern, zeigen oft einen schnell sichtbaren Erfolg, einen Gewichtsverlust von mehreren Kilogramm, der aber überwiegend durch einen Abbau von → Glykogen und dem damit verbundenen Wasserverlust zustande kommt. Bevor aber der Organismus anfängt – und eben das wäre erwünscht –, Energie aus den → Fettzellen zu holen, senkt er in der Regel, wie schon erwähnt, als Sparmaßnahme den Energieumsatz oder fordert neue Nahrung.

Schlankheitsgymnastik
→ Fitneß.

Seetang (Algen)
Was die Makrobiotiker (→ makrobiotische Ernährung) empfehlen, Feinschmecker überzeugt und die Japaner seit jeher variantenreich in ihren Speiseplan einbauen, sollten Sie unbedingt ausprobieren.

Der Begriff »Seetang« umfaßt einige marine Arten der Braunalgen und Rotalgen. Sie enthalten wichtige → Mineralstoffe und Spurenelemente, wie Kalzium, Phosphor, Natrium, Magnesium, Eisen und Jod, sowie die Vitamine der A-Gruppe, B-Gruppe, E-Gruppe und Vitamin C. Erwähnenswert ist auch der Gehalt an Eiweißen und Kohlenhydraten. Seetang kann man als »geballte Ladung Energie«, als »Mineralienstoß« und »Vitaminstoß« mit nachhaltiger Wirkung auf den Organismus bezeichnen. Nicht selten stellt sich sofort eine Vitalisierung ein. Oft läßt sich nach dem Genuß von Algen bei Nägeln und Haaren ein deutliches Wachstum feststellen.

Selbsthilfegruppen
In größeren Gemeinden und Städten organisieren Hilfesuchende sich in Form von Selbsthilfegruppen. Alleinerziehende Mütter und Väter, Alkoholiker, Personen mit Eßproblemen, Eltern von Drogensüchtigen und Opfer von Verbrechen finden in kleinen Gruppen einen Informationsaustausch und Meinungsaustausch unter Leidensgefährten oder Gleichgesinnten. Bei gemeinsamen Problemen kann der »gruppendynamische Effekt« viel dazu beitragen, daß Gruppenmitglieder einen Ausweg aus der Isolation, dem Gefühl der Hilflosigkeit und der Inaktivität finden.

Mit einer Anzeige in einem Lokalblatt läßt sich ohne großen finanziellen Aufwand eine Selbsthilfegruppe organisieren.

Shiatsu
Shiatsu, die japanische Fingerdrucktherapie, ist mit der chinesischen Akupressur und Akupunktur eng verwandt und orientiert sich ebenfalls an den Meridianen. Übungen und Massagetechniken von Shiatsu eignen sich gut für die Gesundheitspflege. Ebenso beugen sie verschiedenen Krankheiten vor, bekämpfen Streß und fördern die Vitalität.

Solbad
Wer keine Gelegenheit zur Kur am Meer hat, für den ist das Solbad, das Baden in einer mineralisierten Salzlösung, ein guter Ersatz. Ähnlich wie beim Baden im Meerwasser nimmt der Körper im Solbad gleichfalls kleinste Mengen → Mineralstoffe und Spurenelemente auf.

Natursole, die von Salzlagern aus hundert bis vierhundert Metern Tiefe stammt, ist meist reich an Kalziumsulfat, Magnesium, Kalium, Strontium, Bor, Natriumbromid, Ammonium und Lithium. Je nach Herkunft der Natursole sind auch Spuren von Eisen, Aluminium und Kieselsäure vorhanden.

Solbadkuren eignen sich besonders zur Regeneration und zur Vorbeugung gegen vegetative Regulationsstörungen. Streßgeplagte finden ebenfalls Erholung in dem auf 35 Grad aufgewärmten Bad. Daneben dient das Solbad zur Wiederherstellung nach Krankheit oder Unfall, bei Erkrankungen des Stützapparats und Bewegungsapparats sowie bei Rheuma.

Dabei sollten Sie die Gegenanzeigen nicht außer acht lassen: offene Wunden, Venenleiden, schwere Erkrankungen von Herz und Kreislauf. Einige Solbadeanstalten verfügen zusätzlich über das besonders entspannungsfördernde Sprudelbad und Einrichtungen für die empfehlenswerte Unterwassermassage (mit Hilfe von Druckdüsen am Bassinrand zur Eigenanwendung).

Die regenerierende und stärkende Wirkung der Meerbadekur (→ Thalassotherapie) war schon im Altertum bekannt. An bestimmten Küsten (Bretagne, Mittelmeerküste) und auf manchen Inseln (etwa Sylt) kann ein besonderes Klima die Wirkung verstärken.

Spiegel

Zweifellos ist eine regelmäßige Gewichtskontrolle (Waage) nützlich. Der Anblick Ihres Körpers im Spiegel gibt Ihnen zusätzlich brauchbare Hinweise, wieviel Sie abnehmen sollten.

Konzentrieren Sie sich auf die Stellen, die Ihnen noch nicht gefallen. Aber freuen Sie sich auch über Ihre Fortschritte beim Abnehmen.

Sport
→ Fitneß.

Spurenelemente
→ Mineralstoffe.

Stagnation (»Plateauphase«)
Was soll geschehen, wenn das Gewicht nach Wochen oder Monaten stetiger Abnahme plötzlich nicht mehr weiter sinkt? Lassen Sie sich nicht aus der Ruhe bringen – dieser auch als »Plateauphase« bezeichnete Zustand ist eine bekannte Erscheinung. Vor allem die inneren Organe und die Knochen benötigen Zeit, sich ohne Schäden den veränderten Verhältnissen anzupassen. Ihr Übergewicht haben Sie sich vielleicht während Monaten oder sogar Jahren »angegessen«. Demzufolge benötigen Sie eine angemessene Frist, um ohne Schaden zu Ihrem ganz persönlichen Gewicht zu gelangen oder zurückzufinden (→ auch Magen). Allerdings kann der Sparmechanismus des Körpers (→ auch Jo-Jo-Effekt) ebenfalls zu einer Stagnation führen. Verschaffen Sie sich täglich etwas körperliche Bewegung, und bearbeiten Sie während einer solchen Zeit die Stoffwechselpunkte (die Punkte 7 und 10) und die Punkte gegen Fettabbau (9) häufiger.

Möglicherweise besteht auch ein innerer, ein seelischer Widerstand, den es in dieser Phase zu überprüfen gilt (→ inneres Gewicht).

Streß-Esser
Ein bekanntes Verhaltensmuster bei vielen Übergewichtigen ist, daß sie bei psychischer Belastung das Essen förmlich in sich »hineinstopfen« – im Gegensatz zu anderen, im allgemeinen Schlanken, die bei Ärger »keinen Bissen herunterbringen«.

Sucht

Unter Sucht versteht man ein krankhaft übersteigertes Verlangen oder ein krankhaftes Abhängigsein von bestimmten Stoffen, beispielsweise von Drogen oder Rauschmitteln. Ständig übersteigertes Verlangen nach Essen wird als »Eßsucht« bezeichnet. Ebenso wird der Begriff manchmal gebraucht, um gewisse Handlungsweisen oder Bewußtseinszustände zu beschreiben, etwa die »Kaufsucht«, die »Spielsucht«, die »Geltungssucht«.

Nach den Gründen des Suchtverhaltens (unterdrückte Aggressionen, »Lustmanko«), das wahrscheinlich in jedem Menschen schlummert, wird intensiv geforscht. Für die exzessive Abhängigkeit von Drogen oder Alkohol entstand die vielleicht zutreffende Definition »Selbstmord auf Raten«.

Süßstoffe

Mit Süßstoffen meint man synthetisch erzeugte Substanzen, die ähnlich dem Zucker süßen, aber eine völlig andere chemische Zusammensetzung haben. Süßstoffe sind – im Gegensatz zu Zuckern und Zuckeraustauschstoffen, wie Xylit, Mannit oder Sorbit – kalorienfrei. Angeboten werden vor allem Saccharin, Cyclamate und Aspartam in flüssiger Form oder als Tabletten.

Anhänger einer natürlichen Ernährung lehnen Süßstoffe ab, weil einige von ihnen in größeren Mengen möglicherweise gesundheitlich nicht unbedenklich sind. Bei den üblichen täglichen Dosen, die nicht zu hoch ausfallen sollten, gelten sie nach den heutigen Erkenntnissen jedoch als gut verträglich.

Die manchmal geäußerte These, daß einige der Stoffe, die die Süßkraft des Zuckers ersetzen, appetitanregend wirken, konnten wissenschaftliche Untersuchungen noch nicht zweifelsfrei erhärten. Wer bewußter essen will, hält sich am besten an die an hochwertigem Fruchtzucker reichen → Obstarten.

T

Tai Chi
Tai Chi, die spielerisch leichte, mit langsamen und fließenden Bewegungen ausgeführte chinesische Gymnastik, gelegentlich auch »Schattenboxen« genannt, ist zugleich Konzentrationsübung. Wer sie regelmäßig ausführt, soll geschmeidig in den Bewegungen, kräftig, ausgeglichen und von innerer Ruhe erfüllt werden.

Taoismus
Der Taoismus gilt als eine der philosophischen Grundlagen für die chinesischen Heiltechniken. Falls Sie sich über die durch → Laotse begründete Philosophie informieren wollen, vermittelt Ihnen das Werk von LIU I-MING, einem taoistischen Weisen aus dem achtzehnten Jahrhundert, einen Einblick. Ihr liegen die beiden Begriffe »Tao« (»Weg«) und »Te« (»Tugend«) zugrunde. Leitgedanke ist der einer Harmonie zwischen Mensch und Kosmos.

Thalassotherapie
In einigen Seebädern an der französischen Atlantik- und Mittelmeerküste bieten Hotels und Kurzentren die seit der Antike bekannten Meerwassertherapien in moderner Form an (griechisch »thalassos« bedeutet »Meer«). In den Ozeanen beträgt der Salzgehalt durchschnittlich 35 Promille – in Binnenmeeren mit viel Süßwasserzufluß beträchtlich weniger. Erwähnenswert sind die → Mineralstoffe und Spurenelemente des Meerwassers. Und zwar liegen sie in einer Kombination vor, die durchaus Parallelen zu der im mensch-

lichen Körper aufweist. Viele Wissenschaftler vertreten unter anderem auch aus diesem Grund die Meinung, alles irdische Leben entstamme dem Meer oder der Meeresnähe.

Im Meerwasser lassen sich neben dem Meersalz, dem Natriumchlorid, noch Magnesiumchlorid, Magnesiumsulfate und Kalziumsulfate, Kaliumchlorid, Kalziumkarbonat, Magnesiumbromid sowie Kobalt, Chrom, Kupfer, Fluor, Eisen, Jod, Lithium, Mangan, Molybdän, Nickel, Selen, Silizium, Vanadium, Zink, aber auch Arsen und sogar Gold und Silber in kleinsten Mengen nachweisen. In dieser Aufzählung befindet sich eine Reihe von essentiellen, für den menschlichen Organismus also lebensnotwendigen Mineralstoffen und Spurenelementen. Es verwundert daher nicht, daß die vitalisierende Wirkung eines Kuraufenthalts am Meer bereits im antiken Rom geschätzt wurde. Meerwasserbad, Massage und Algenbehandlungen in Verbindung mit dem spezifischen Küstenklima können sich segensreich auf den gesamten Organismus auswirken. (Einige Kurhäuser bieten zudem spezielle Cellulite-Behandlungen an. Mit Algenpackungen, Massagen, Gymnastik und kalorienreduzierter Ernährung werden gute Erfolge erzielt.)

Die klimabegünstigten Heilbäder der deutschen Nordseeküste verfügen ebenfalls über ausgezeichnete Kureinrichtungen wie Meerwasserhallenbäder und Gelegenheit zu Massagen sowie verschiedenen weiteren Therapien, etwa der Tiefseewasserkur. Wer keine Gelegenheit zu einer Reise an das Meer hat, kann zur Regeneration ein → Solbad besuchen.

Tofu
Tofu wird auch als »Sojabohnenquark« oder »Sojabohnenkäse« bezeichnet. Tatsächlich zeigt die Herstellung einige Gemeinsamkeiten mit der Käseproduktion. Gelbe Sojasamen (»Sojabohnen«) werden etwa zehn Stunden in Wasser eingeweicht und zum Quellen gebracht, in einem Mixer

zerkleinert, mit Wasser zu einem Brei verrührt und hierauf erhitzt. Nach etwa zwanzig Minuten Kochzeit wird diese Zubereitung durch ein Tuch passiert. Das Produkt nennt man »Sojamilch«. Anschließend fügt man ein Gerinnungsmittel (Bittersalz, Essig, Zitronensaft) hinzu. Das feste, flokkenartige Sojaeiweiß und die Molke lassen sich nun trennen. Durch Pressen erhält man den in der Konsistenz an Eierstich erinnernden Tofu, der keinen besonderen Eigengeschmack hat.

Tofu ist ein Grundpfeiler der → japanischen (und chinesischen) Küche und ungewöhnlich reich an hochwertigen pflanzlichen Eiweißen sowie an Kalzium. Man kann ihn frisch servieren, in Würfel geschnitten und mit Gewürzen, etwa mit Ingwer, frischen Kräutern und Sojasauce, am Tisch zubereiten. Daneben wird Tofu auch gebraten und in vielen Variationen, beispielsweise mit Garnelen und Gemüsen oder zerkleinert und mit Hühnerfleisch und Gemüsen, gereicht.

Triglyceride
Diese häufigste Fettart besteht aus Glycerin und einem Gemisch aus drei Fettsäuren (→ Fette).

Trophologie
Ernährungswissenschaft.

V

Vegetarismus
Vegetarier verzichten aus verschiedenen, meist aus ernährungsphysiologischen, ethisch-religiösen und ökologischen Gründen auf Nahrungsmittel, die von getöteten Tieren stammen, also auch auf Fische, Weichtiere und Schalentiere.

Die laktovegetabile Richtung des Vegetarismus verzichtet auf → Fleisch und → Fische, erlaubt aber Milch und Milchprodukte. Die ovolaktovegetabile Richtung gestattet zusätzlich Eier. Besonders konsequent sind die Veganer: Sie lehnen sämtliche Nahrungsmittel ab, die von Tieren stammen – auch Honig.

Verdauung und Stoffwechsel
Die im Mund zerkleinerte und mit dem Speichel vermischte Nahrung wird für die chemischen Prozesse der Verdauung in den Magen und den Dünndarm befördert. Unter Mithilfe von Enzymen – früher sprach man von Fermenten – werden Kohlenhydrate in Einfachzucker abgebaut, Proteine in Aminosäurenmoleküle und Fette in Glycerin und Fettsäuren zerlegt. Die Darmzotten des Dünndarms nehmen die Stoffe auf, Blut und Lymphe transportieren sie zu den Körperzellen. Hier beginnt nun der Aufbau von körpereigenen Stoffen einerseits und der Abbau zur Energiegewinnung andererseits.

Vitalstoffe
Der von der Wissenschaft nicht anerkannte Ausdruck »Vitalstoffe« stammt aus der Reformbewegung und der Vollwertbewegung. Man versteht darunter alle vom Organismus benötigten Substanzen, wie → Vitamine, → Mineralstoffe, Spurenelemente, und eine Reihe von weiteren Wirkstoffen, etwa die → Karotinoide, → Flavonoide, → Aminosäuren und → Chlorophylle. Bemerkenswert ist, daß die Reformbewegung ausdrücklich »noch unbekannte Stoffe« einschließt (→ auch Rohkost, Vollwertkost, Vollkornmehl).

Eine wachsende Zahl von Forschern und praktischen Ärzten verweist auf die Zusammenhänge zwischen jahrelanger Fehlernährung – möglicherweise über mehrere Generationen hinweg – und dem daraus folgenden Vitalstoffmangel (→ auch Zucker).

Vitamine
Schon zur Zeit der großen Entdeckungsfahrten war den Seeleuten die Vitaminmangelkrankheit Skorbut bekannt, die bei den Schiffsbesatzungen auf den monatelangen Reisen bei Zwieback und etwas Pökelfleisch zu schweren Gesundheitsschäden oder gar zum Tod führte. Schließlich entdeckte man, daß der regelmäßige Verzehr von Gemüsen, beispielsweise Sauerkraut, das richtige Gegenmittel war. Später begegnete man dem Vitaminmangel noch mit eingemachten Preiselbeeren oder Zitrusfrüchten.

Eine versteckte Unterversorgung mit Vitaminen kann sich bald in unspezifischen Symptomen, etwa Reizbarkeit, Nervosität, Müdigkeit, Befindlichkeitsstörungen, Konzentrationsschwäche und geistiger Erschöpfung, manifestieren. Langfristig verursacht sie, wie das Beispiel Skorbut zeigt, ernsthafte Schäden und chronische Krankheiten mit.

Der polnisch-amerikanische Biochemiker CASIMIR FUNK, der als einer der ersten die Forschung aufnahm, prägte den Begriff der Vitamine (lateinisch »vita« = »Leben«, Amine sind stickstoffhaltige Verbindungen). Erst später wurde bekannt, daß nicht alle dieser Substanzen stickstoffhaltige Verbindungen sind, – dennoch blieb der Name.

Als »Vitamine« bezeichnet man jene organischen Verbindungen, die nur durch die Nahrung in den Organismus gelangen und von ihm für Wachstum, Wiederherstellung und Funktionieren der Organe unbedingt benötigt werden. Jedes der Vitamine erfüllt bestimmte Aufgaben. Die nötige tägliche Zufuhr beschränkt sich auf ein paar Milligramm oder nur millionstel Gramm. Vitamine wirken schon in kleinsten Mengen, überdosierte Mengen werden in der Regel ausgeschieden.

Gemüse, Leber, Eier, Milch und Butter liefern *Vitamine der A-Gruppe*. Gelbe Gemüse, etwa Karotten, enthalten → Beta-Karotin, eine Vorstufe zu diesen Vitaminen. Ein Mangel äußert sich etwa durch ein vermindertes Sehvermögen oder Nachtblindheit.

Der *Vitamin-B-Komplex* (lange Zeit als ein einziges Vitamin bekannt) umfaßt zahlreiche Substanzen. Die bekanntesten seien nun beispielhaft erwähnt. Hefe, Weizenkeimlinge, Schweinefleisch und Nüsse stellen gute Quellen für das *Vitamin B_1* (Thiamin) dar. Besonders Hefe, Milch, Leber, Fleisch und Nieren liefern größere Mengen des *Vitamin B_2* (Riboflavin). *Vitamin B_6* ist hauptsächlich in Kartoffeln und Getreide enthalten, die *Vitamin-B_{12}-Gruppe* in Leber, Rindfleisch, Austern und Eidotter.

In Nüssen, Schokolade und Eidotter kommt *Biotin, Folsäure* in Gemüse, Niere, Leber und Hefe vor. *Niazin* wird, wie das Vitamin B_2, vom Organismus für die Energiegewinnung benötigt. Meeresfische, etwa Makrelen und Sardinen, Geflügel, Innereien, Fleisch, Vollkornprodukte und Pilze sind reichhaltige Niazin-Quellen. *Pantothensäure* findet sich in Meeresfischen (besonders in Heringen), Innereien (Leber, Niere), Fleisch, aber auch in Getreide, Gemüsen und Obst.

Vitamine des B-Komplexes braucht der Organismus für eine Vielzahl wichtiger Stoffwechselvorgänge und zur Enzymbildung. Die Mangelerscheinungen sind vielfältig: Psychische Verstimmung, nervöse Störungen und Hautschäden zählen zu den häufigsten.

Zitrusfrüchte, Beeren und grünes Blattgemüse stellen bedeutsame Mengen an *Vitamin C* zur Verfügung. Dieses gegenüber Licht, Sauerstoff und Wärme empfindliche Vitamin wird vom Organismus ebenfalls für eine Vielzahl von Vorgängen, etwa für die Bildung von Bindegewebe, die Zellatmung, die Produktion von Hormonen, die Funktionstüchtigkeit der Blutgefäße und die Abwehr von Infektionen, benötigt. Am ehesten äußert sich Vitamin-C-Mangel in psychischer Verstimmung, Müdigkeit und Zahnfleischbluten.

Sehr reich an *Vitaminen der D-Gruppe* sind Fisch, Lebertran, Eidotter, Milch und Butter. Vitamin D$_3$ kann bei Sonneneinwirkung auch in der Haut synthetisiert werden. Die Vitamine der D-Gruppe – ein paar millionstel Gramm täglich genügen – sind für ein gesundes Nervensystem und für eine Vielzahl chemischer Prozesse im Körper unerläßlich. Zu den bekanntesten Mangelkrankheiten zählen Knochenerweichung und Rachitis.

Die Substanzen der *Vitamin-E-Gruppe* finden sich in verschiedenen Pflanzenölen, vor allem im Weizenkeimöl, in Nüssen und in Blattgemüse. Sie sind ebenfalls für eine Vielzahl von Funktionen, wie den Schutz vor Oxidation im Depotfett des Organismus und Aufgaben im Immunsystem, verantwortlich. Ein Mangel an diesen Vitaminen kann unter anderem zu Muskeldegeneration führen.

Die *Vitamin-K-Gruppe* ist in fast allen grünen Gemüsen, im Eigelb und in Innereien vertreten. Diese Vitamine helfen unter anderem mit, die Wirkstoffe zur Blutgerinnung herzustellen.

Mit der unzutreffenden, veralteten Bezeichnung »Vitamin F« werden manchmal die essentiellen Fettsäuren (→ Fette), vor allem die Linolsäure, Linolensäure und Arachidonsäure, benannt. Den essentiellen Fettsäuren und einigen weiteren Stoffen, die man früher zu den Vitaminen stellte, fehlen die wissenschaftlichen Kriterien dafür, daher sind sie nicht mehr als Vitamine anerkannt.

Vitamin C und Vitamine des B-Komplexes zählen zu den wasserlöslichen Vitaminen. Der Organismus ist auf ihre möglichst stetige Zufuhr angewiesen. Im Gegensatz dazu sind die Vitamine der Gruppen A, D, E und K fettlöslich, sie lassen sich in den Körperzellen speichern.

Einige Vitamine, etwa das empfindliche Vitamin C, werden durch Hitzebehandlung beim Kochen, falsche Konservierungsmethoden oder zu lange Lagerung abgebaut oder zerstört.

Vitaminpräparate und Mineralstoffpräparate
Nimmt man mit einer abwechslungsreichen Kost und einem hohen Anteil an rohem Gemüse und Obst genügend → Vitalstoffe zu sich, kann man dann auf Präparate mit Vitaminen und Mineralstoffen verzichten? Bei Schwächezuständen, nach Infektionen und der Verabreichung von Antibiotika empfehlen die meisten Ärzte die Einnahme von Vitaminpräparaten, um die Erholung zu beschleunigen. Wer beispielsweise zuviel raucht, täglich Alkohol trinkt, regelmäßig Zuckerwaren ißt, über längere Zeit Medikamente einnimmt oder übermäßigen psychischen Belastungen und Streß ausgesetzt ist, hat ohnedies einen erhöhten Bedarf an bestimmten Vitaminen, Mineralstoffen und Spurenelementen.

Über die für den Körper optimalen Mengen an Vitaminen gehen die Meinungen der Experten auseinander – neuere Erkenntnisse stellen bisherige Empfehlungen zunehmend in Frage. Angesichts der modernen, hektischen Lebensweise und der Umweltbelastungen, der an Nährstoffen verarmten, ausgelaugten und mit Phosphaten belasteten Böden sowie der denaturierten Zivilisationskost vertritt eine wachsende Zahl von Medizinern die Einnahme von Zusatzpräparaten. LINUS PAULING, der berühmte amerikanische Chemiker und Nobelpreisträger, empfiehlt zur Prävention sogar hohe tägliche Vitamineinnahmen – nicht zuletzt wegen der unbekannten Langzeitfolgen ist seine Meinung allerdings umstritten.

Kombinationspräparate mit Mineralstoffen und Vitaminen sind sogar schon in Warenhäusern erhältlich. Falls Sie eine höhere Supplementierung wünschen, als auf den Packungen angegeben, sprechen Sie am besten mit Ihrem Arzt, selbst wenn die meisten Vitamine und Mineralien auch in höherer Dosierung als unbedenklich eingestuft werden. Wegen der Vielzahl von → Vitalstoffen sollte man trotzdem täglich möglichst gartenfrisches Obst und Gemüse zu sich nehmen.

Bei einer reduzierten Ernährung, bei Müdigkeit, als Präventivmaßnahme bei beginnender Erkältung und nach einer Krankheit (Rekonvaleszenz) können Vitaminpräparate das Allgemeinbefinden sofort verbessern (→ auch Orthomolekularmedizin). Achten Sie auf zuckerfreie und mineralstoffhaltige Präparate.

Vollkornmehl, Vollkornprodukte

Um Vollkornteigwaren oder Vollkornbrot herzustellen, benötigt man Getreidemehl, das aus dem ganzen Getreidekorn (meist Weizen, aber auch Roggen und Dinkel) gewonnen wird. Zuerst als »Körnchenpicker« oder auch »Müslis« verspottet, erhielten die Anhänger der → Vollwertkost und Frischkost inzwischen starke Unterstützung von der Wissenschaft.

Weizenkeime sind reich an Vitaminen des B-Komplexes, der E-Gruppe, an Eiweiß und → Fetten mit den wichtigen ungesättigten Fettsäuren. Außerdem liefert uns Kleie (bestehend aus den Randschichten und dem Keim des Korns), besonders von Buchweizen und Roggen, überdurchschnittliche Mengen an Spurenelementen, wie Molybdän, Nickel und Selen. Industrielles Ausmahlen des Getreides (Weißmehl) und der Zutritt von Sauerstoff können den Vitalstoffgehalt des Mehls sehr beeinträchtigen.

Vollmond
→ Mond.

Vollwertkost
Es bedarf einiger Überzeugungskraft, um die Vollwertkost in ihrer »strengen« Form sämtlichen Familienmitgliedern schmackhaft zu machen, denn sie ist fleischlos. Wenn manche Menschen aus ethischen oder ernährungsphysiologischen Gründen kein → Fleisch essen wollen, ist das zu respektieren – diese Entscheidung muß jeder für sich fällen.

Eine mildere Variante, die auf Verbote verzichtet, findet bei der modernen Ernährungsphysiologie Unterstützung: Die Ernährung setzt sich vorwiegend aus Gemüsen, inklusive Hülsenfrüchten und Kartoffeln, Obst, Getreideprodukten und Vollkornprodukten zusammen. Milch, Milchprodukte, hochwertige Pflanzenöle und Pflanzenfette vervollständigen den Speiseplan. Eier, Fleisch und Fisch sind nicht verboten, sollten aber selten zubereitet werden.

Ziel des Vollwertgedankens ist es, einen möglichst hohen Anteil an schonend behandelten, an Vitalstoffen und Faserstoffen reichen Nahrungsmitteln zu verwenden (auch möglichst viel → Nüsse, Kräuter und → Kerne beziehungsweise Samen). Als Fleischersatz bedient man sich oft des → Tofus. Man bevorzugt natürliche Süßmittel, wie Honig und Birnendicksaft oder Apfeldicksaft. Fabrikzucker und künstliche Süßmittel werden meist abgelehnt.

W

Waage
Das Wort »Waage« ist für viele Übergewichtige ein Reizwort, denn häufig verbinden sich negative Erlebnisse und Frustration damit. Bei der hier angebotenen Methode der Akupressur ist es dem Anwender freigestellt, ob er sich täglich wiegen möchte oder nur ab und zu Kontrollen vornimmt.

Wasser

Wasser wird dem Körper nicht nur mit Getränken, sondern auch mit Nahrungsmitteln zugeführt. So enthalten einige Gemüsearten, wie Gurken, bis zu 95 Prozent Wasser, Tomaten fast ebensoviel. Vollmilch liefert 88 Prozent, ein Apfel etwa 84 Prozent, Fleisch ungefähr 75 Prozent, Brot um 40 Prozent Wasser.

Der menschliche Körper besteht etwa zu zwei Dritteln aus Wasser. Entsprechend wichtig ist auch dessen Funktion als Transportmittel und als Wärmeregulator. Bei schwerer körperlicher Arbeit oder hohen Temperaturen besteht die Gefahr der Überhitzung. Die Haut scheidet Wasser aus, man schwitzt. Durch die Verdunstung wird der Körper abgekühlt.

Im Organismus dient Wasser einer Vielzahl von Stoffen als Lösemittel. Mineralstoffe, Spurenelemente und einige → Vitamine sind wasserlöslich. Ebenso gelangen die meisten Nährstoffe in gelöster Form über Blut und Lymphe in die einzelnen Körperzellen. Bei der Entsorgung der Abfallstoffe über Niere und Darm ist Wasser ebenfalls unerläßlich.

Eine ungenügende Wasserzufuhr kann zu einer empfindlichen Leistungseinbuße führen. Jeder Ausdauersportler weiß, wie wichtig es ist, den durch körperliche Aktivität verursachten Wasserverlust stets auszugleichen.

Gerade bei einer reduzierten Ernährung hat die tägliche Zufuhr von mindestens einem bis anderthalb Litern geeigneten Wassers, gegebenenfalls → Mineralwassers, große Bedeutung.

Wein
→ alkoholische Getränke.

Wunderpille
→ Appetitzügler.

Y

Yin und Yang
In China beruht die Medizin auf einer traditionellen ganzheitlichen Betrachtung. Yin und Yang werden als die zwei großen, zusammenwirkenden, komplementären Polaritäten verstanden, die sowohl in der Natur, im Universum, als auch im Menschen bestimmend wirken (→ Kapitel II).

Yoga
Einige der aus dem indischen philosophischen System entlehnten Yoga-Übungen sind geeignet, die Gewichtsabnahme zu begünstigen und den Körper geschmeidig zu erhalten. Über Yoga erschienen viele Publikationen. Die Technik eignet man sich aber am besten an, indem man einen Kurs besucht. Geduld und langes Training sind Voraussetzung für den Erfolg.

Z

Zivilisationskrankheit
Nicht nur die moderne, bewegungsarme Lebensweise gilt für die Zivilisationskrankheiten als verantwortlich. Experten sind sich weitgehend darin einig, daß die veränderte Zivilisationskost (mit denaturierten, an Vitalstoffen und Faserstoffen armen, industriell hergestellten Nahrungsmitteln, zuviel Salz, Fett, Fabrikzucker und Alkohol) am vermehrten Auftreten von Fettsucht, Diabetes, Gicht, Leberleiden, Gallenschäden, Atherosklerosen und Herzkrankheiten teilhat.

Zucker
Für die gesunde Ernährung und die Gewichtsreduktion ist die richtige Zuckerzufuhr (→ auch Kohlenhydrate) von

zentraler Bedeutung. Gerade bei einer reduzierten Nahrungsaufnahme ist der Organismus auf hochwertigen Zucker angewiesen. Handelsüblicher weißer Kristallzucker, wie er im Haushalt Verwendung findet, wird aus Zuckerrüben oder Zuckerrohr hergestellt.

Das Zuckermolekül, die Saccharose (Zucker im engeren Sinn), besteht aus zwei Monosacchariden – der Glucose (Traubenzucker) und der Fructose (Fruchtzucker). Es gilt als isoliertes Kohlenhydrat und soll deshalb sparsam, wie ein Gewürz, benutzt werden. Der Teufelskreis, in den man bei Süßwarenmißbrauch (aus Fabrikzucker) gerät, wurde bereits beschrieben: Weil der Organismus den Industriezucker schneller aufnimmt als die hochwertigen Mehrfachzucker – wie sie in Früchten, Getreiden und Honig enthalten sind –, kann der Blutzuckerspiegel sich kurzfristig in unerwünschtem Maße verändern. (→ auch Gewichtsprobleme.)

Literaturverzeichnis

BAHR, FRANK R.: Akupressur. Mosaik, München 1991.
BANKHOFER, HADEMAR: Befreien Sie sich von Schmerzen durch Akupressur. Wiener Verlag, Wien 1991.
BÄSSLER, KARL-HEINZ: Vitamine. 3., vollst. neubearb. Aufl., Steinkopff, Darmstadt 1989.
BERNAU, LUTZ: Schmerzfrei durch Fingerdruck. Goldmann, München 1983.
BIRCHER-BENNER, MAX: Ordnungsgesetze des Lebens. Bircher-Benner, Bad Homburg 1989.
BIRKINSHAW, ELSYE: Denken Sie sich schlank! Diätfrei abnehmen in 21 Tagen. 13. Aufl., Ariston Verlag, Genf/München 1992.
(Dazu: 2 Audio-Suggestionskassetten)
BRUKER, MAX O.: Idealgewicht ohne Hungerkur. 13. Aufl., emu-V.-G., Lahnstein 1986.
DAHLKE, RÜDIGER: Bewußt fasten. Urania, Neuhausen 1980.
–: Gewichtsprobleme. Knaur, München 1989.
DALET, ROGER: Ein Fingerdruck, und Sie sind Ihre Schmerzen los. Bastei-Lübbe, Bergisch Gladbach 1980.
DIAMOND, HARVEY und MARILYN: Fit für's Leben. Teil II. Waldthausen, Ritterhude 1989.
DIEM, CARL-JÜRGEN: Tips für Laufanfänger. Meyer & Meyer, Aachen 1987.
EBNER, WOLF C.: Akupressur wirkt sofort! Schmerzlinderung ohne Medikamente. Ariston Verlag, Genf/München 1989.
ELMADFA, IBRAHIM, FRITZSCHE, DORIS, und HANS-DIEDRICH CREMER: Vitamin- und Mineralstofftabelle. Gräfe und Unzer, München 1991.

EWALD, HANS: Akupressur für jeden. Econ, Düsseldorf 1984.

GEESING, HERMANN: Die beste Waffe des Körpers: Enzyme. Herbig, München 1991.

GEISSLER-ROEVER, ANDREAS: Ratgeber Cholesterin. Humboldt, München 1992.

GODET, JEAN-DENIS: Pflanzen Europas. Arboris, Bern-Hinterkappelen 1992.

I-MING, LIU: Zum Tao erwachen. O.-W. Barth, München/Bern 1990.

KAPPSTEIN, STEFAN: Tafeln zur Akupunktur und Akupressur. 2., veränd. Aufl., Plejaden, Boltersen 1985.

KÖNIG, GEORG, und INGRID WANCURA: Einführung in die Ohrakupunktur. Haug, Heidelberg 1989.

KONISHI, KIYOKO: Japanisch kochen – hält fit und gesund. Mosaik, München 1987.

MEINHOLD, WERNER J.: Das große Handbuch der Hypnose. Theorie und Praxis der Fremd- und Selbsthypnose. 3. Aufl., Ariston Verlag, Genf/München 1989.

MELZIG, DIETER, und MARTIN SKLORZ: Richtig Fitneßtraining. 3. Aufl., BLV, München 1988.

PFANNHAUSER, WERNER: Essentielle Spurenelemente in der Nahrung. Springer, Berlin/Heidelberg/New York 1988.

RIEMENSCHNEIDER-ISAACS, ARUNA: Indisch kochen. Gräfe und Unzer, München 1987.

SCHAFFNER, WILLI, HÄFELFINGER, BARBARA, und BEAT ERNST: Phytopharmakompendium. Arboris, Bern-Hinterkappelen 1992.

SCHENK, CÉCILE: Vom Dicksein und Schlankwerden. HGW, Zürich 1990.

STERNAD, DAGMAR: Richtig Stretching. BLV, München 1990.

ULRICH, WOLF: Schmerzfrei durch Akupressur und Akupunktur. Heyne, München 1981.

WAGNER, FRANZ: Akupressur leicht gemacht. Gräfe und Unzer, München 1987.

WEBER, ALEXANDER: Seelisches Wohlbefinden durch Laufen. sportinform, Oberhaching 1988.

WIEDEMANN, MICHAEL: Der Gesundheit auf der Spur. Heilung durch die Mikro-Nährstoffe der Orthomolekularmedizin. Ariston Verlag, Genf/München 1991.

FÜR GESUNDHEIT UND SCHÖNHEIT

DER GESUNDHEIT AUF DER SPUR
DIE MIKRO-NÄHRSTOFFE DER ORTHOMOLEKULARMEDIZIN
Von Dr. med. Michael Wiedemann

Es sind rund 80 körpereigene Substanzen, mit denen die neue Medizin arbeitet: Vitamine, Mineralstoffe, Spurenelemente, Amino- und Fettsäuren. Sie zeitigen keine Nebenwirkungen. Entscheidend ist das Gleichgewicht dieser Stoffe im Körper, die üblicherweise durch richtige Ernährung zugeführt werden. Fehlen wichtige Nährstoffe, sind Beigaben notwendig. Dieses vom Wegbereiter der Orthomolekularmedizin, dem zweifachen Nobelpreisträger Prof. Linus Pauling, eingeleitete Buch eines ärztlichen Experten gibt Ihnen Auskunft, was Sie als Gesunder zur Krankheitsvorbeugung tun müssen und was ein orthomolekular behandelnder Arzt für einen Kranken tun kann. Die Orthomolekularmedizin beseitigt die Ursachen und nicht nur die Krankheitssymptome. 224 Seiten, geb., ISBN 3-7205-1543-5.

ESSEN SIE SICH SCHÖN!
ERFOLGSGARANTIE ORTHOMOLEKULARE ERNÄHRUNG
Von Diana R. Evans

Von Kopf bis Fuß – optisch übersichtlich demonstriert auf einer zusätzlich beigegebenen Schautafel – bietet dieses Buch der Leiterin des Europäischen Instituts für orthomolekulare Wissenschaft für jedes größere oder kleinere Schönheitsproblem die richtigen orthomolekularen Ernährungsrezepte an, um den Zustand natürlicher Gesundheit und Schönheit wiederherzustellen. Jedermann kann davon profitieren. Die Bau- und Betriebsstoffe unseres Körpers müssen ausgewogen vorhanden sein – oder durch gezielte Ernährungsmaßnahmen ergänzt werden. 240 Seiten, geb., ISBN 3-7205-1709-8.

DENKEN SIE SICH SCHLANK!
DIÄTFREI ABNEHMEN IN 21 TAGEN
Von Elsye Birkinshaw

Die revolutionäre Mentaldiät der bekannten amerikanischen Psychologin beruht auf einem systematisch angelegten geistigen 21-Tage-Programm, das sich in ihrer Praxis wie auch in Gruppenseminaren der University of California vielfach bewährt hat. Einfache Imaginationstechniken vermitteln Ihnen ein neues Selbstbild und verändern ganz zwanglos Ihr Eßverhalten. Nur geistig abgestützt können Sie Ihre Gewichtsprobleme für immer loswerden. 224 Seiten, geb., ISBN 3-7205-1531-1.

Zu diesm Buch gibt es auch ein Praxis-Kassettenprogramm »Denken Sie sich schlank!«: 2 Audio-Suggestionskassetten in Box, Spieldauer 1 Stunde 40 Minuten, ISBN 3-7205-1675-X.

DIESE BÜCHER UND KASSETTEN ERHALTEN SIE IM BUCHHANDEL
Ein umfangreiches, farbiges Büchermagazin mit sämtlichen Titeln unseres auf Medizin, angewandte Psychologie und Esoterik spezialisierten Verlagsprogramms können Sie gratis anfordern bei

ARISTON VERLAG · GENF/MÜNCHEN

CH-1211 GENF 6 · POSTFACH 6030 · TEL. 022/786 18 10 · FAX 022/786 18 95
D-81379 MÜNCHEN · BOSCHETSRIEDER STRASSE 12 · TEL. 089/724 10 34

FÜR GESUNDHEIT UND VITALITÄT

HORMONE FÜR DIE SCHÖNHEIT
HAARE – HAUT – FIGUR – GEWICHT – CELLULITE
Von Prof. Dr. Dr. med. Johannes Huber

Einer der weltweit bekannten Endokrinologen, Professor Dr. Dr. med. J. Huber, verrät in seinem Buch, welche kosmetischen »Wunder« unsere körpereigenen Signalstoffe, die Hormone, vollbringen können, wenn von dieser natürlichen Möglichkeit richtig Gebrauch gemacht wird. Vermeintliche Gefahren beruhen auf Mißverständnissen, die sich auf künstliche Hormone in Medikamenten beziehen. Es ist ganz im Sinne der Natur, die weiblichen Hormone kosmetisch zu nutzen – wie, lehrt dieses Buch. 200 Seiten, geb., ISBN 3-7205-1705-5.

ÖSTROGEN – WAS HEUTIGE SICHERE THERAPIE
ZU BEWIRKEN VERMAG
Von Prof. Dr. Lila Nachtigall und Joan R. Heilman

Lila Nachtigall, Gynäkologin, Professorin an der New York University und Präsidentin der US-Association of Endocrinology, hat die neuartige Östrogen-Progesteron-Behandlung eingeführt, die sich weltweit bewährt hat. Frauen ab Vierzig müssen sich während und nach der Menopause nicht mehr krank und alt fühlen. Die Hormontherapie vermag ungefährlich Hitzewallungen, Reizbarkeit, Schlaflosigkeit, Angstgefühlen, Antriebsschwächen, Depressionen, der gefürchteten Osteoporose und dem Altern der Haut abzuhelfen. Wie sich heute jede Frau ihre Vitalität und Jugendlichkeit erhalten kann, das zeigt dieses Buch. 230 Seiten, geb., ISBN 3-7205-1443-9.

ÜBERLISTEN SIE DIE ZAHL IHRER JAHRE!
JUGEND AUS DER APOTHEKE UND ANDEREN QUELLEN
DER GESUNDHEIT
Von Dr. med. Margarete Raida

Es gibt eine Fülle von pflanzlichen, homöopathischen und chemischen Substanzen, altbewährten Hausmitteln und neuentwickelten Regenerationstherapeutika, die wahre Wunder wirken. Man muß jedoch wissen, was wie wirkt und warum das so ist, wer was benötigt und wo man es erhält. Die klinikerfahrene Ärztin berät Sie zuverlässig und erläutert bewährte und auch neueste Verjüngungsmethoden und Regenerationskuren, die dazu beitragen, auf natürlichem Wege die Vitalkraft und Lebensqualität wiederherzustellen, zu erhalten und zu steigern. 192 Seiten, geb., ISBN 3-7205-1569-9.

DIESE FASZINIERENDEN BÜCHER ERHALTEN SIE IM BUCHHANDEL
Ein umfangreiches, farbiges Büchermagazin mit sämtlichen Titeln unseres auf Medizin, angewandte Psychologie und Esoterik spezialisierten Verlagsprogramms können Sie gratis anfordern bei

ARISTON VERLAG · GENF/MÜNCHEN

CH-1211 GENF 6 · POSTFACH 6030 · TEL. 022/786 18 10 · FAX 022/786 18 95
D-81379 MÜNCHEN · BOSCHETSRIEDER STRASSE 12 · TEL. 089/724 10 34

Das Standardwerk
für gesunde Ernährung

08/9357

Wilhelm Heyne Verlag
München

HEYNE BÜCHER

Gesund und schlank mit Heyne-Diätkochbüchern

Dr. Herman Tarnower/Samm Sinclair Baker
Die Scarsdale-Diät
07/4350

Dr. med. Antje Katrin Kühnemann
Trenn-Kost
07/4435

Dr. Anne Calatin
Die Rotations-Diät
07/4475

Landenberger / Schütz / Wendler
Das neue Kochbuch für Diabetiker
07/4565

Claudia Latzel
Bäckereien und Süßspeisen für Diabetiker
07/4584

Ingrid Malhotra
Die Cholesterin-Diät
07/4591

Claudia Latzel
Vollwertkost für Diabetiker
07/4595

Prof. Dr. Klaus Miehlke
Die Rheuma-Diät
07/4617

Eva Exner
Kalorientabelle
07/4642

Dr. med. Antje Katrin Kühnemann
Die Kühnemann-Diät
07/4647

Inge Grieser
Das Kochbuch für Neurodermitiker
07/4648

Ursula Paschen
Fit durch Trennkost
07/4653

Ursula Paschen
Das Trennkost-Backbuch
07/4658

Wilhelm Heyne Verlag
München

Beschwerdefrei durch
Reflexzonenmassage

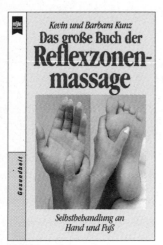

08/9378

Außerdem erschienen:

Christa Muth
Heilen durch Reflexzonentherapie
an Füßen und Händen
08/9094

Wilhelm Heyne Verlag
München